高校入試対策

英語リスニング練習問題

実践問題集　愛知県版
2025年春受験用

JN131610

contents

K 教英出版

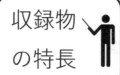

① 基本問題集（別冊）

英語リスニング問題を**7章の出題パターン別**に練習できる問題集です。
愛知県公立高校入試の英語リスニング問題の**出題パターンを重点的**に練習できます。

② 解答集（別冊）

①基本問題集の解答・解説・放送文・日本語訳などを収録。すべての問題の**放送文と日本語訳を見開きページで見る**ことができ，単語や表現を1つずつ照らし合わせながら復習ができます。

③ 実践問題集愛知県版（この冊子）

愛知県公立高校入試の**過去問題**と，形式が似ている**実戦問題**(2回分)を収録。
愛知県公立高校入試の**出題パターンの把握**や**入試本番に向けての練習**に最適です。

実戦問題集 愛知県版 の特長と使い方

過去の愛知県公立高校入試で**実際に出題された6回分**の問題です。

愛知県公立高校入試と**出題パターンが似ている**問題です。

2ページの**過去の典型的な出題パターンと対策**で出題パターンを把握してから，**過去問題と実践問題**に進んでください。問題を解いた後に**解答例と解説**を見て，**答えにつながる聴き取れなかった部分を聴き直す**と効果的です。別冊の**基本問題集**で出題パターン別に練習して，**出題パターンに合った実力**をつけてからこの冊子に進むと，**過去問題と実践問題**をよりスムーズに解くことができます。

音声の聴き方

教英出版ウェブサイトの「**ご購入者様のページ**」に下記の「**書籍ID番号**」を入力して音声を聴いてください。

ID 166021 （有効期限 2025 年 9 月）　　　ＩＤの入力はこちらから→

過去の典型的な出題パターンと対策

▶ 対話や英文と質問(1つ)…対話や英文を聞き，質問の答えを選ぶ　→ 別冊　第3章

　放送文

A :	What do you want to eat for lunch?
B :	Well... I'd like to have an omelet and some coffee. How about you, Tomoya?
A :	I'm very hungry. So I'd like to have a hamburger and some milk.
B :	Then, shall we eat at a cafeteria near the station?

質問します。　　　What is Tomoya going to have for lunch?

　問題

対話を聞いて，質問に合うものをア～エから1つ選び，記号を書きなさい。

ア．An omelet and some coffee.　　イ．An omelet and some milk.
ウ．A hamburger and some coffee.　エ．A hamburger and some milk.

▶ 英文と質問(複数)…英文を聞き，複数の質問の答えを選ぶ　 別冊　第6章

　放送文

　　Now I'm going to talk about my classes in Japan. We often make groups and learn a lot of things from each other. Talking with the group members is very important for us because we can share different ideas. Here in America, I want to enjoy classes. So I will try to exchange ideas with you in English.

Questions: No. 1　Why does Sakura talk in groups during her classes in Japan?
　　　　　　No. 2　What does Sakura want to say in her speech?

　問題

英文を聞いて，それぞれの質問に合うものをア～エから1つ選び，記号を書きなさい。

No. 1　ア　To make groups.
　　　　イ　To write a letter.
　　　　ウ　To share different ideas.
　　　　エ　To see many friends.

No. 2　ア　How she learns in her classes.
　　　　イ　Which university she wants to go to.
　　　　ウ　When she decided to go to America.
　　　　エ　Who taught her English in Japan.

対策ポイント

Point

対話と質問(1つ)の問題では，単語を聞き取るだけでは答えを選べない問題が多い。対話をする2人の名前，対話が行われている場所など，答えに関わりそうな部分をメモしよう。また，質問で次の一言の内容を問われることも多いので，最後の1文を聞き逃さないようにしよう。

外 国 語 (英 語) 聞き取り検査

指示に従って，聞き取り検査の問題に答えなさい。

「答え方」

問題は第１問と第２問の二つに分かれています。

第１問は，１番から３番までの三つあります。それぞれについて，最初に対話を聞き，続いて，対話についての問いと，問いに対する答え，a，b，c，d を聞きます。そのあと，もう一度，その対話，問い，問いに対する答えを聞きます。必要があればメモをとってもよろしい。

問いの答えとして正しいものは解答欄の「正」の文字を，誤っているものは解答欄の「誤」の文字を，それぞれ〇でかこみなさい。正しいものは，各問いについて一つしかありません。

第２問では，最初に英語のスピーチを聞きます。続いて，スピーチについての問いと，問いに対する答え，a，b，c，d を聞きます。問いは問１と問２の二つあります。そのあと，もう一度，スピーチ，問い，問いに対する答えを聞きます。必要があればメモをとってもよろしい。

問いの答えとして正しいものは解答欄の「正」の文字を，誤っているものは解答欄の「誤」の文字を，それぞれ〇でかこみなさい。正しいものは，各問いについて一つしかありません。

第1問

1番	a	正　　誤	b	正　　誤	c	正　　誤	d	正　　誤
2番	a	正　　誤	b	正　　誤	c	正　　誤	d	正　　誤
3番	a	正　　誤	b	正　　誤	c	正　　誤	d	正　　誤

第2問

問1	a	正　　誤	b	正　　誤	c	正　　誤	d	正　　誤
問2	a	正　　誤	b	正　　誤	c	正　　誤	d	正　　誤

過去問題① 放送文

それでは，聞き取り検査の説明をします。問題は第1問と第2問の二つに分かれています。

第1問。

第1問は，1番から3番までの三つあります。それぞれについて，最初に対話を聞き，続いて，対話についての問いと，問いに対する答え，a，b，c，d を聞きます。そのあと，もう一度，その対話，問い，問いに対する答えを聞きます。必要があればメモをとってもよろしい。

問いの答えとして正しいものは解答欄の「正」の文字を，誤っているものは解答欄の「誤」の文字を，それぞれ〇でかこみなさい。正しいものは，各問いについて一つしかありません。それでは，聞きます。

（第1問）

1番

Kate: Oh, no! It's raining. I can't believe it.

Alex: Kate, what's the matter?

Kate: Hi, Alex. I don't have my umbrella with me.

Question: What will Alex say next?

a　Thank you very much.

b　Here you are. I have another one.

c　I'm sorry. I don't know.

d　Sure. I'm free this afternoon.

それでは，もう一度聞きます。（対話，問い，問いに対する答えを繰り返す。）

2番

Peter: Wow! There are many DVDs at this store. Look at this, Jane. This movie looks great. The characters are so scary.

Jane: Really? I'm sorry, Peter. I don't like it very much.

Peter: Why do you think so?

Question: What will Jane say next?

a　I think it's great, too.

b　It's a very interesting movie.

c　I'm not a fan of scary movies.

d　The seat in the theater is good.

それでは，もう一度聞きます。（対話，問い，問いに対する答えを繰り返す。）

3番

Mike: Hi, Mari. Are you cooking now?

Mari: Yes, Mike. I'm making curry and rice.

Mike: Well, I want to help you. I can make curry, too.

Mari: Thanks.　How did you learn that?

Mike: My grandmother taught me.　My dream is to be a good cook like her.

Question: What is true about this dialog?

a　Mari is helping Mike with cooking.

b　Mike and his grandmother are cooking together.

c　Mike is a good cook like his grandmother.

d　Mike learned cooking from his grandmother.

それでは，もう一度聞きます。（対話，問い，問いに対する答えを繰り返す。）

第2問。

第2問では，最初に英語のスピーチを聞きます。続いて，スピーチについての問いと，問いに対する答え，a，b，c，d を聞きます。問いは問1と問2の二つあります。そのあと，もう一度，スピーチ，問い，問いに対する答えを聞きます。必要があればメモをとってもよろしい。

問いの答えとして正しいものは解答欄の「正」の文字を，誤っているものは解答欄の「誤」の文字を，それぞれ〇でかこみなさい。正しいものは，各問いについて一つしかありません。それでは，聞きます。

（第2問）

Hello, everyone.　I'm Ken.　I want to tell you about my favorite thing.　It's drawing pictures.　After I finish my homework, I usually draw pictures and relax.　I imagine a lot of things and often draw animals, people, or buildings.　I like drawing pictures because I can design my own world on the paper.　It's a good way to show my ideas or opinions.　Now, everyone, why don't you try and relax?　Thank you for listening.

問1　What is Ken talking about?

a　He is talking about his favorite book.

b　He is talking about his best friend.

c　He is talking about drawing pictures.

d　He is talking about interesting places.

問2　Why does Ken like drawing pictures?

a　Because he can design his own world.

b　Because he can relax before he finishes his homework.

c　Because he can draw pictures without any ideas.

d　Because he likes to draw only animals.

それでは，もう一度聞きます。（スピーチ，問い，問いに対する答えを繰り返す。）

外 国 語 （ 英 語 ） 聞き取り検査

指示に従って，聞き取り検査の問題に答えなさい。

「答え方」
　問題は第１問と第２問の二つに分かれています。

　第１問は，１番から３番までの三つあります。それぞれについて，最初に会話文を読み，続いて，会話についての問いと，問いに対する答え，a，b，c，d を読みます。そのあと，もう一度，その会話文，問い，問いに対する答えを読みます。必要があればメモをとってもよろしい。
　問いの答えとして正しいものは解答欄の「正」の文字を，誤っているものは解答欄の「誤」の文字を，それぞれ〇でかこみなさい。正しいものは，各問いについて一つしかありません。

　第２問は，最初に英語のスピーチを読みます。続いて，スピーチについての問いと，問いに対する答え，a，b，c，d を読みます。問いは問１と問２の二つあります。そのあと，もう一度，スピーチ，問い，問いに対する答えを読みます。必要があればメモをとってもよろしい。
　問いの答えとして正しいものは解答欄の「正」の文字を，誤っているものは解答欄の「誤」の文字を，それぞれ〇でかこみなさい。正しいものは，各問いについて一つしかありません。

第1問

1番	a	正　　誤	b	正　　誤	c	正　　誤	d	正　　誤
2番	a	正　　誤	b	正　　誤	c	正　　誤	d	正　　誤
3番	a	正　　誤	b	正　　誤	c	正　　誤	d	正　　誤

第2問

問1	a	正　　誤	b	正　　誤	c	正　　誤	d	正　　誤
問2	a	正　　誤	b	正　　誤	c	正　　誤	d	正　　誤

過去問題② 放送文

それでは，聞き取り検査の説明をします。問題は第１問と第２問の二つに分かれています。

第１問。

第１問は，１番から３番までの三つあります。それぞれについて，最初に会話文を読み，続いて，会話についての問いと，問いに対する答え，a，b，c，d を読みます。そのあと，もう一度，その会話文，問い，問いに対する答えを読みます。必要があればメモをとってもよろしい。

問いの答えとして正しいものは解答欄の「正」の文字を，誤っているものは解答欄の「誤」の文字を，それぞれ〇でかこみなさい。正しいものは，各問いについて一つしかありません。それでは，読みます。

（第１問）

1番

Mike: My name is Mike. Nice to meet you.

Elena: Hi, Mike. I'm Elena. Nice to meet you, too. Where are you from?

Mike: I'm from Canada. And you?

Question: What will Elena say next?

    a   I play the piano every day.

    b   I like Japan very much.

    c   I'm from Italy.

    d   I'm a junior high school student.

それでは，もう一度繰り返します。（会話文と問いを繰り返す。）

2番

Woman: Show me your passport, please.

Man: Sure. Here you are.

Woman: Where are you going to stay?

Man: At ABC Hotel in Kyoto.

Woman: OK. Have a nice trip.

Question: Where are they?

    a   They are at an airport.

    b   They are at a school.

    c   They are at ABC Hotel.

    d   They are at a library.

それでは，もう一度繰り返します。（会話文と問いを繰り返す。）

3番

Ken: That was a nice restaurant! Lunch was delicious. I'm so full.

Jessie: Me, too. Oh, we should go home now. How can we go back to our town?

Ken: Well, I'll call home and ask my mother ....   Oh, no!

Jessie: Ken, what's the matter?

Ken: Oh, Jessie, I left my cell phone at the restaurant!

Question: What will they do next?

    a   They will have lunch at the restaurant.

    b   They will cook lunch together.

    c   They will buy a new cell phone for Jessie.

    d   They will go back to the restaurant.

それでは，もう一度繰り返します。（会話文と問いを繰り返す。）

第2問。

第2問は，最初に英語のスピーチを読みます。続いて，スピーチについての問いと，問いに対する答え，a，b，c，d を読みます。問いは問1と問2の二つあります。そのあと，もう一度，スピーチ，問い，問いに対する答えを読みます。必要があればメモをとってもよろしい。

　問いの答えとして正しいものは解答欄の「正」の文字を，誤っているものは解答欄の「誤」の文字を，それぞれ○でかこみなさい。正しいものは，各問いについて一つしかありません。それでは，読みます。

（第2問）

Hello, everyone. I'm Hiroto. I'm going to talk about my future. I wish to become a nurse, because I want to help sick people. When I was a little child, I was very weak, so I often went to the hospital. The nurses around me always encouraged me very much. Thanks to them, I can do a lot of things now. So I want to work for patients. This is my dream. Thank you for listening.

問1　When did Hiroto often go to the hospital?

    a   He went there when he was busy.

    b   He went there when he was lonely.

    c   He went there when he was a little child.

    d   He went there when he was a junior high school student.

問2　What does Hiroto want to do in the future?

    a   He wants to work for sick people.

    b   He wants to become a doctor.

    c   He wants to encourage his mother.

    d   He wants to talk about his dream.

それでは，もう一度繰り返します。（スピーチと問いを繰り返す。）

外 国 語 （ 英 語 ） 聞 き 取 り 検 査

指示に従って，聞き取り検査の問題に答えなさい。

「答え方」
　問題は第１問と第２問の二つに分かれています。

　第１問は，１番から３番までの三つあります。それぞれについて，最初に会話文を読み，続いて，会話についての問いと，問いに対する答え，a，b，c，d を読みます。そのあと，もう一度，その会話文，問い，問いに対する答えを読みます。必要があればメモをとってもよろしい。
　問いの答えとして正しいものは解答欄の「正」の文字を，誤っているものは解答欄の「誤」の文字を，それぞれ○でかこみなさい。正しいものは，各問いについて一つしかありません。

　第２問は，最初に英語の文章を読みます。続いて，文章についての問いと，問いに対する答え，a，b，c，d を読みます。問いは問１と問２の二つあります。そのあと，もう一度，文章，問い，問いに対する答えを読みます。必要があればメモをとってもよろしい。
　問いの答えとして正しいものは解答欄の「正」の文字を，誤っているものは解答欄の「誤」の文字を，それぞれ○でかこみなさい。正しいものは，各問いについて一つしかありません。

第1問

1番	a	正　　誤	b	正　　誤	c	正　　誤	d	正　　誤
2番	a	正　　誤	b	正　　誤	c	正　　誤	d	正　　誤
3番	a	正　　誤	b	正　　誤	c	正　　誤	d	正　　誤

第2問

問1	a	正　　誤	b	正　　誤	c	正　　誤	d	正　　誤
問2	a	正　　誤	b	正　　誤	c	正　　誤	d	正　　誤

過去問題③　　[放送文]

それでは，聞き取り検査の説明をします。問題は第1問と第2問の二つに分かれています。

第1問。

第1問は，1番から3番までの三つあります。それぞれについて，最初に会話文を読み，続いて，会話についての問いと，問いに対する答え，a，b，c，d を読みます。そのあと，もう一度，その会話文，問い，問いに対する答えを読みます。必要があればメモをとってもよろしい。

問いの答えとして正しいものは解答欄の「正」の文字を，誤っているものは解答欄の「誤」の文字を，それぞれ〇でかこみなさい。正しいものは，各問いについて一つしかありません。それでは，読みます。

（第1問）

1番

　　Jason: Which book should I borrow from here?

　　Yumiko: Let's finish our homework first.

　　Jason: Homework?　Do we have homework?

　　Yumiko: Yes, we do.　English and math.

Question: Where are they?

　　a　They are in the library.

　　b　They are near the post office.

　　c　They are in front of the station.

　　d　They are behind the bookstore.

それでは，もう一度繰り返します。（会話文と問いを繰り返す。）

2番

　　John: Aya, you'll come with us to the basketball game next Sunday, right?

　　Aya: That's right, John.　What time and where are we going to meet?

Question: What will John say next?

　　a　Let's meet at the station next Sunday.

　　b　I'll meet them at 12:00 tomorrow.

　　c　Let's meet in front of the school at 12:00.

　　d　They'll see you at school at 12:00.

それでは，もう一度繰り返します。（会話文と問いを繰り返す。）

3番

　　Jane: Good presentation, Taro.　Where did you get the idea?

　　Taro: From my history class.　I like Japanese history very much.

　　Jane: Me, too.　Which part are you most interested in?

Question: What will Taro say next?

    a   Good presentation about America.

    b   A Japanese presentation in my class.

    c   The history of democracy in Japan.

    d   How to get ideas from your class.

それでは，もう一度繰り返します。（会話文と問いを繰り返す。）

第2問。

第2問は，最初に英語の文章を読みます。続いて，文章についての問いと，問いに対する答え，a，b，c，d を読みます。問いは問1と問2の二つあります。そのあと，もう一度，文章，問い，問いに対する答えを読みます。必要があればメモをとってもよろしい。

問いの答えとして正しいものは解答欄の「正（せい）」の文字を，誤っているものは解答欄の「誤（ご）」の文字を，それぞれ○でかこみなさい。正しいものは，各問いについて一つしかありません。それでは，読みます。

（第2問）

Yesterday my father and I visited my grandfather and helped him with his shopping. Three of us took a bus to a department store. The bus was very crowded, so we stood near the door. Suddenly, a tall boy came to us and gave his seat to my grandfather. He was in a T-shirt which had his high school name on the back. He was so cool. I want to be a kind person like that student.

問1   What happened on the bus?

    a   The father got sick and they gave up shopping.

    b   They could find a priority seat near the door.

    c   The boy wore the same T-shirt as the father.

    d   The boy gave his seat to the grandfather.

問2   How did she know that the boy was a high school student?

    a   His sport bag had his high school name on it.

    b   She saw his school name on his T-shirt.

    c   He talked about his school with friends.

    d   He talked about himself to the family.

それでは，もう一度繰り返します。（文章と問いを繰り返す。）

外 国 語 （ 英 語 ） 聞 き 取 り 検 査

指示に従って，聞き取り検査の問題に答えなさい。

「答え方」
　問題は第１問と第２問の二つに分かれています。

　第１問は，１番から３番までの三つあります。それぞれについて，最初に対話を聞き，続いて，対話についての問いと，問いに対する答え，a，b，c，d を聞きます。そのあと，もう一度，その対話，問い，問いに対する答えを聞きます。必要があればメモをとってもよろしい。
　問いの答えとして正しいものは解答欄の「正」の文字を，誤っているものは解答欄の「誤」の文字を，それぞれ〇でかこみなさい。正しいものは，各問いについて一つしかありません。

　第２問では，最初に，来日予定の留学生からの音声メッセージを聞きます。続いて，音声メッセージについての問いと，問いに対する答え，a，b，c，d を聞きます。問いは問１と問２の二つあります。そのあと，もう一度，音声メッセージ，問い，問いに対する答えを聞きます。必要があればメモをとってもよろしい。
　問いの答えとして正しいものは解答欄の「正」の文字を，誤っているものは解答欄の「誤」の文字を，それぞれ〇でかこみなさい。正しいものは，各問いについて一つしかありません。

第1問

1番	a	正　　誤	b	正　　誤	c	正　　誤	d	正　　誤
2番	a	正　　誤	b	正　　誤	c	正　　誤	d	正　　誤
3番	a	正　　誤	b	正　　誤	c	正　　誤	d	正　　誤

第2問

問1	a	正　　誤	b	正　　誤	c	正　　誤	d	正　　誤
問2	a	正　　誤	b	正　　誤	c	正　　誤	d	正　　誤

過去問題④　放送文

それでは，聞き取り検査の説明をします。問題は第１問と第２問の二つに分かれています。

第１問。

第１問は，１番から３番までの三つあります。それぞれについて，最初に対話を聞き，続いて，対話についての問いと，問いに対する答え，a，b，c，d を聞きます。そのあと，もう一度，その対話，問い，問いに対する答えを聞きます。必要があればメモをとってもよろしい。

問いの答えとして正しいものは解答欄の「正」の文字を，誤っているものは解答欄の「誤」の文字を，それぞれ○でかこみなさい。正しいものは，各問いについて一つしかありません。それでは，聞きます。

（第１問）

１番

Woman: Excuse me. Is this your wallet?

Man: Oh, yes! It's mine! Where did you find it?

Woman: You left it on the seat in the train. Here you are.

Question: What will the man say next?

a　You're very kind. Thank you very much.

b　It's not easy, but I'll try.

c　No, I don't. I'll take another one.

d　Well, you didn't find it.

それでは，もう一度聞きます。（対話，問い，問いに対する答えを繰り返す。）

２番

John: Good night, Mom. What will we have for breakfast tomorrow?

Mom: We'll have toast and milk. Why do you ask, John?

John: I want to enjoy your delicious breakfast in my dream, too.

Question: What is John going to do?

a　John is going to finish dinner.

b　John is going to cook rice for breakfast.

c　John is going to sleep soon.

d　John is going to eat toast at night.

それでは，もう一度聞きます。（対話，問い，問いに対する答えを繰り返す。）

３番

Kate: Hi, Mike.

Mike: Hi, Kate. You look fine. How's your brother, Bob?

Kate: Well, Bob is enjoying his life in Gold Coast as a university student.

Mike: Really? The city has many beautiful beaches. He goes to the beach every day, right?

Kate: No, he goes to the beach just on weekends.　He's busy at his university.

Question: Why does Bob visit the beach just on weekends?

 a Because he does not like swimming at the beach.

 b Because he has many things to do from Monday to Friday.

 c Because he lives in Gold Coast as a high school student.

 d Because he thinks that Gold Coast has no beautiful beaches.

それでは，もう一度聞きます。（対話，問い，問いに対する答えを繰り返す。）

第2問。

第2問では，最初に，来日予定の留学生からの音声メッセージを聞きます。続いて，音声メッセージについての問いと，問いに対する答え，a，b，c，d を聞きます。問いは問1と問2の二つあります。そのあと，もう一度，音声メッセージ，問い，問いに対する答えを聞きます。必要があればメモをとってもよろしい。

問いの答えとして正しいものは解答欄の「正」の文字を，誤っているものは解答欄の「誤」の文字を，それぞれ○でかこみなさい。正しいものは，各問いについて一つしかありません。それでは，聞きます。

（第2問）

Hello.　My name is Kate.　I'll visit Japan and stay for two weeks.　I hope you enjoy this message from London.　I study Japanese in my school.　It's difficult but I want to talk with you in Japanese.　Listening to Japanese pop music is one of my favorite things. What music do you like?　I'm looking forward to meeting you.　Let's talk about music and my favorite singers!　Thank you.

問1　How long will Kate stay in Japan?

 a She will stay in Japan for two weeks.

 b She will study Japanese pop culture in London.

 c She will stay in London for two years.

 d She will move from London to Japan by airplane.

問2　What does Kate want to do with the Japanese students?

 a She wants to listen to pop music in London.

 b She wants to talk with her favorite singers.

 c She wants to meet her favorite singers at school.

 d She wants to talk about music and her favorite singers.

それでは，もう一度聞きます。（音声メッセージ，問い，問いに対する答えを繰り返す。）

外国語（英語）聞き取り検査

指示に従って，聞き取り検査の問題に答えなさい。

「答え方」

問題は第１問と第２問の二つに分かれています。

第１問は，１番から３番までの三つあります。それぞれについて，最初に会話文を読み，続いて，会話についての問いと，問いに対する答え，a，b，c，d を読みます。そのあと，もう一度，その会話文，問い，問いに対する答えを読みます。必要があればメモをとってもよろしい。

問いの答えとして正しいものは解答欄の「正」の文字を，誤っているものは解答欄の「誤」の文字を，それぞれ○でかこみなさい。正しいものは，各問いについて一つしかありません。

第２問は，最初に英語のスピーチを読みます。続いて，スピーチについての問いと，問いに対する答え，a，b，c，d を読みます。問いは問１と問２の二つあります。そのあと，もう一度，スピーチ，問い，問いに対する答えを読みます。必要があればメモをとってもよろしい。

問いの答えとして正しいものは解答欄の「正」の文字を，誤っているものは解答欄の「誤」の文字を，それぞれ○でかこみなさい。正しいものは，各問いについて一つしかありません。

第1問

1番	a	正　誤	b	正　誤	c	正　誤	d	正　誤
2番	a	正　誤	b	正　誤	c	正　誤	d	正　誤
3番	a	正　誤	b	正　誤	c	正　誤	d	正　誤

第2問

問1	a	正　誤	b	正　誤	c	正　誤	d	正　誤
問2	a	正　誤	b	正　誤	c	正　誤	d	正　誤

過去問題⑤　　放送文

それでは，聞き取り検査の説明をします。問題は第１問と第２問の二つに分かれています。

第１問。

第１問は，１番から３番までの三つあります。それぞれについて，最初に会話文を読み，続いて，会話についての問いと，問いに対する答え，a，b，c，d を読みます。そのあと，もう一度，その会話文，問い，問いに対する答えを読みます。必要があればメモをとってもよろしい。

問いの答えとして正しいものは解答欄の「正」の文字を，誤っているものは解答欄の「誤」の文字を，それぞれ〇でかこみなさい。正しいものは，各問いについて一つしかありません。それでは，読みます。

（第１問）

1番

Ellen: Ken, how's the pizza?

Ken: It's delicious.　You are a good cook.　Thank you for inviting me to lunch, Ellen.

Ellen: You're welcome, Ken.

Ken: I like your pizza very much.　How many pizzas have you baked today?

Ellen: Just two, but I can make more.　Would you like some more?

Question: What will Ken say next?

　　a　Of course.　You can take it.

　　b　I'm sorry.　I can't cook well.

　　c　Help yourself, Ellen.

　　d　Yes, please.　I want more.

　それでは，もう一度繰り返します。（会話文と問いを繰り返す。）

2番

Woman: I want this blue pen.　How much is it?

Man: Now we're having a sale.　It's 1,500 yen this week.

Woman: I'll take it.　It's a birthday present for my father.

Question: Where are they?

　　a　They are at a birthday party.

　　b　They are at a stationery shop.

　　c　They are in the library.

　　d　They are in the nurse's office.

　それでは，もう一度繰り返します。（会話文と問いを繰り返す。）

3番

Mom: John, have you finished your homework?

John: Yes, Mom.　I'm very hungry.

Mom: OK. Dinner is ready. Please tell Dad to come to the dining room.

John: Sure. I'm coming with Dad.

Question: What is John's mother going to do?

 a She is going to eat dinner with her husband and John.

 b She is going to go to the dining room with John.

 c She is going to cook dinner in the dining room.

 d She is going to do John's homework with her husband.

それでは，もう一度繰り返します。（会話文と問いを繰り返す。）

第2問。

第2問は，最初に英語のスピーチを読みます。続いて，スピーチについての問いと，問いに対する答え，a，b，c，d を読みます。問いは問1と問2の二つあります。そのあと，もう一度，スピーチ，問い，問いに対する答えを読みます。必要があればメモをとってもよろしい。

問いの答えとして正しいものは解答欄の「正」の文字を，誤っているものは解答欄の「誤」の文字を，それぞれ○でかこみなさい。正しいものは，各問いについて一つしかありません。それでは，読みます。

（第2問）

Hello. I'm Rika, the student council president. Welcome to our school's global festival. This festival is one of the biggest global events in our school. In the festival, a lot of people from many countries come together here to our school, and enjoy the time with our students. Today, we have many shows that help you to experience a lot of cultures from all over the world. Let's enjoy the festival together! Thank you.

問1 What is Rika talking about?

 a She is talking about all the biggest global events in her school.

 b She is talking about a student who will come from abroad.

 c She is talking about the global festival of her school.

 d She is talking about the shows that she saw in foreign countries.

問2 What can the people do at Rika's school today?

 a They can be the members of the student council.

 b They can go to many countries with her school's students.

 c They can help the students of her school.

 d They can experience a lot of cultures.

それでは，もう一度繰り返します。（スピーチと問いを繰り返す。）

外 国 語 （ 英 語 ） 聞き取り検査

指示に従って，聞き取り検査の問題に答えなさい。

「答え方」

問題は第１問と第２問の二つに分かれています。

第１問は，１番から３番までの三つあります。それぞれについて，最初に会話文を読み，続いて，会話についての問いと，問いに対する答え，a，b，c，d を読みます。そのあと，もう一度，その会話文，問い，問いに対する答えを読みます。必要があればメモをとってもよろしい。

問いの答えとして正しいものは解答欄の「正」の文字を，誤っているものは解答欄の「誤」の文字を，それぞれ〇でかこみなさい。正しいものは，各問いについて一つしかありません。

第２問は，最初に英語のスピーチを読みます。続いて，スピーチについての問いと，問いに対する答え，a，b，c，d を読みます。問いは問１と問２の二つあります。そのあと，もう一度，スピーチ，問い，問いに対する答えを読みます。必要があればメモをとってもよろしい。

問いの答えとして正しいものは解答欄の「正」の文字を，誤っているものは解答欄の「誤」の文字を，それぞれ〇でかこみなさい。正しいものは，各問いについて一つしかありません。

第1問

1番	a	正　　誤	b	正　　誤	c	正　　誤	d	正　　誤
2番	a	正　　誤	b	正　　誤	c	正　　誤	d	正　　誤
3番	a	正　　誤	b	正　　誤	c	正　　誤	d	正　　誤

第2問

問1	a	正　　誤	b	正　　誤	c	正　　誤	d	正　　誤
問2	a	正　　誤	b	正　　誤	c	正　　誤	d	正　　誤

(24)　放送文は次ページ。解答例と解説は 40 ページにあります。

それでは，聞き取り検査の説明をします。問題は第１問と第２問の二つに分かれています。

第１問。

第１問は，１番から３番までの三つあります。それぞれについて，最初に会話文を読み，続いて，会話についての問いと，問いに対する答え，a，b，c，d を読みます。そのあと，もう一度，その会話文，問い，問いに対する答えを読みます。必要があればメモをとってもよろしい。

問いの答えとして正しいものは解答欄の「正」の文字を，誤っているものは解答欄の「誤」の文字を，それぞれ〇でかこみなさい。正しいものは，各問いについて一つしかありません。それでは，読みます。

（第１問）

1番

    Bob: Good morning, Kim.

    Kim: Good morning, Bob.　What's the matter?

    Bob: I left my eraser in my house.　Do you have one, Kim?

Question: What will Kim say next?

    a　Here you are.　You may use it today.

    b　Thank you very much.　I'll use it.

    c　Yes, please.　I'd like some.

    d　I hope you get well.

  それでは，もう一度繰り返します。（会話文と問いを繰り返す。）

2番

    Mom: Dave, what are you doing now?

    Dave: I'm doing my homework.

    Mom: Dinner is almost ready.　Can you help me to set the table?

Question: What will Dave say next?

    a　OK.　See you then.

    b　I'm fine.　Thank you.

    c　Sure.　I'm coming soon.

    d　Yes.　I have to send you a letter.

  それでは，もう一度繰り返します。（会話文と問いを繰り返す。）

3番

    Beth: Wow!　I'm the winner!

    Ken: Oh, no!　It was too windy to play tennis outside, Beth.

    Beth: Ken, accept the result.　We played under the same conditions.

    Ken: I don't think so.　The wind blew harder when I hit the balls!

Question: What is the situation?

    a   Ken is happy because he played better than Beth.

    b   Ken is too shy to show his feelings to Beth.

    c   Both Ken and Beth have never played tennis.

    d   Ken seems a little disappointed about the result.

それでは，もう一度繰り返します。（会話文と問いを繰り返す。）

第2問。

第2問は，最初に英語のスピーチを読みます。続いて，スピーチについての問いと，問いに対する答え，a，b，c，d を読みます。問いは問1と問2の二つあります。そのあと，もう一度，スピーチ，問い，問いに対する答えを読みます。必要があればメモをとってもよろしい。

問いの答えとして正しいものは解答欄の「正」の文字を，誤っているものは解答欄の「誤」の文字を，それぞれ〇でかこみなさい。正しいものは，各問いについて一つしかありません。それでは，読みます。

（第2問）

I'm Haruko.　Today, I'll talk about the most important word for me.　It's "Thank you."　I like it very much.　If someone says it to me, I always feel very happy.　My mother always says it to me when I help her to wash the dishes.　I think that "Thank you" is a warm word for everyone.　So, saying "Thank you" gives us a good chance to make many friends.　I'd like to say "Thank you" to the people around me.　Thank you for listening.

問1　What is Haruko talking about?

    a   She is talking about her good friend.

    b   She is talking about her favorite word.

    c   She is talking about living with her mother.

    d   She is talking about her school.

問2　How does the word "Thank you" help her?

    a   It helps her to listen to herself in her classroom.

    b   It helps her to wash the dishes in her house.

    c   It helps her to remember what her father said.

    d   It helps her to make many friends.

それでは，もう一度繰り返します。（スピーチと問いを繰り返す。）

実践問題①

リスニングテスト（放送の指示にしたがって答えなさい。放送を聞きながらメモをとってもかまいません。）

(ｱ) チャイムのところに入るアキラの言葉として最も適するものを，次の1～4の中からそれぞれ一つずつ選び，その番号を答えなさい。

No.1
1. I ask the people working there about history.
2. You can learn about the history of our city there.
3. You can use the train to go to the library.
4. The city library is not near the hospital.

No.2
1. Let's meet at nine thirty tomorrow.
2. How about going to a museum?
3. It will be fine tomorrow morning.
4. Shall we go to the zoo tomorrow?

No.3
1. Yes. I am happy to meet your new dog.
2. Yes. You need to call me when you get there.
3. No. You have to keep the dog in the house.
4. No. I am thinking about what to call him.

(ｲ) 対話の内容を聞いて，それぞれの**質問**の答えとして最も適するものを，あとの1～4の中から一つずつ選び，その番号を答えなさい。

No.1　**質問：What can we say about Paul?**
1. He has fun when he talks about the movie with his classmates.
2. He says that it is very easy to make movies.
3. He wants to make a movie with Miki for the school festival.
4. He made a movie for the festival with his classmates last year.

No.2　**質問：What can we say about Paul and Miki?**
1. Miki was happy to hear that Paul enjoyed playing the baseball game.
2. Paul and Miki went to the stadium to watch baseball together.
3. Paul and Miki watched a baseball game on Saturday.
4. Paul asked Miki to watch his baseball game at the stadium.

㈡ ケイタ（Keita）の高校で行われるオーストラリアへの研修旅行（School Trip）について，ブラウン先生が生徒に説明します。説明を聞いて，次のNo.1とNo.2の問いに答えなさい。

No.1 説明を聞いてケイタが作った次の＜メモ＞を完成させるとき， ① ～ ③ の中に入れるものの組み合わせとして最も適するものを，あとの1～6の中から一つ選び，その番号を答えなさい。

＜メモ＞

The School Trip to Australia
● We will get to Australia next ① .
● We can ② in the park.
● We are going to study ③ subjects at school.
● We will arrive in Japan on Saturday.

1. ① Monday   ② take pictures   ③ three
2. ① Tuesday   ② watch birds   ③ three
3. ① Wednesday   ② look at art   ③ three
4. ① Monday   ② look at art   ③ four
5. ① Tuesday   ② take pictures   ③ four
6. ① Wednesday   ② watch birds   ③ four

No.2 説明を聞いてケイタがクラスメートのリエ（Rie）にあてて書いた次の＜メッセージ＞の（　　　）の中に適する1語を英語で書きなさい。ただし，答えは（　　　）内に指示された文字で書き始め，一つの _ には1文字が入るものとします。

＜メッセージ＞

Keita

Hi, Rie. We will talk about the last day of the school in Australia tomorrow. I want to study (s _ _ _ _ _ _). I want to learn about the *stars that can be seen from Australia. I also hope to learn about animals that are from Australia.

＊ stars：星

㈠	No.1	① ② ③ ④		㈡	No.1	① ② ③ ④ ⑤ ⑥
	No.2	① ② ③ ④			No.2	
	No.3	① ② ③ ④				
㈢	No.1	① ② ③ ④				
	No.2	① ② ③ ④				

実践問題① 放送文

問題は(ア)・(イ)・(ウ)の三つに大きく分かれています。放送を聞きながらメモをとってもかまいません。

それでは，**問題(ア)**に入ります。**問題(ア)**は，No.1 〜 No.3 まであります。Sarah と Akira が話をしています。まず Sarah が話し，次に Akira が話し，その後も交互に話します。対話の最後で Akira が話す言葉のかわりに（チャイムの音）というチャイムが鳴ります。そのチャイムのところに入る Akira の言葉として最も適するものを，**問題(ア)**の指示にしたがって答えなさい。まず，**問題(ア)**の指示を読みなさい。[間 7 秒] それでは，始めます。対話は 2 回ずつ放送します。[間 2 秒]

No. 1　[Sarah：]　**I want to go to the city library after school, Akira. I'm going to learn about the history of our city there. Do you know where the library is?**
　　　　[Akira：]　Yes, Sarah. It's not near our school. It's by the hospital. It has a lot of interesting books about our city. I like the library.
　　　　[Sarah：]　**That's nice! How can I get there from school?**
　　　　[Akira：]　（チャイム）[間 2 秒]

No. 2　[Sarah：]　**Akira, let's take your little brother to the zoo tomorrow.**
　　　　[Akira：]　Oh, but it will be rainy tomorrow. Let's visit another place.
　　　　[Sarah：]　**OK. Where will we go?**
　　　　[Akira：]　（チャイム）[間 2 秒]

No. 3　[Sarah：]　**I heard you got a dog. Are you happy, Akira?**
　　　　[Akira：]　Yes, I am. He is very cute. My grandmother gave him to me yesterday.
　　　　[Sarah：]　**That's wonderful! I want to meet him soon. Does he have a name?**
　　　　[Akira：]　（チャイム）[間 2 秒]

次に，**問題(イ)**に入ります。**問題(イ)**は，No.1 と No.2 があります。それぞれ同じ高校に通う Paul と Miki の対話を放送します。対話の内容を聞いて，問題冊子に印刷されているそれぞれの質問の答えとして最も適するものを，**問題(イ)**の指示にしたがって答えなさい。まず，**問題(イ)**の指示を読みなさい。[間 7 秒] それでは，始めます。対話は 2 回ずつ放送します。[間 2 秒]

No. 1　[Paul：]　**Miki, what is your class going to do at the school festival?**
　　　　[Miki：]　We are thinking about it. How about your class, Paul?
　　　　[Paul：]　**Our class is making a movie. My classmates and I like to watch movies. We have some good ideas for our movie.**
　　　　[Miki：]　That's cool! It's hard to make movies, right?
　　　　[Paul：]　**Yes, but it's interesting. We always talk about our ideas. I enjoy it.**
　　　　[Miki：]　I hope your movie will be good. I want to watch it at the festival. [間 4 秒]

No. 2　　　[Paul:]　**Miki, what did you do on Saturday ?**

　　　　　　[Miki:]　I went to Kamome Stadium to watch a baseball game with my family.

　　　　　　[Paul:]　**Really ? I watched that game on TV at home ! There were a lot of people in the stadium, right ?**

　　　　　　[Miki:]　Yes. I enjoyed watching the game with all of the people around us.

　　　　　　[Paul:]　**That's nice ! I hope we can watch a game at the stadium together.**

　　　　　　[Miki:]　Sure, let's do that ! ［間 4 秒］

最後に，**問題(ウ)**に入ります。**問題(ウ)**では，オーストラリアへの研修旅行についてのブラウン先生の説明を放送します。放送を聞き，**問題(ウ)**の指示にしたがって答えなさい。このあと，20 秒後に放送が始まりますので，それまで**問題(ウ)**の指示を読みなさい。［間 20 秒］それでは，始めます。英文は 2 回放送します。［間 2 秒］

Hello, everyone. The school trip will start next Monday. We are going to leave Japan at seven in the evening and arrive in Australia on the morning of the next day. After we arrive, we will do some exciting things. We will go to a new art museum first, and then we will go to a large beautiful park. Please take some nice pictures in the park and show them to your families later. On Wednesday, you will start to go to school. You will have classes for three days. On Wednesday and Thursday, all of you will study English, history, and music. On Friday, you will study one more subject together. What subject do you want to study ? Let's talk about it tomorrow. We will leave Australia on Saturday morning and arrive in Japan in the evening.

［間 4 秒］

実践問題②

リスニングテスト（**放送による指示**に従って答えなさい。）

〔**問題A**〕 次のア～エの中から適するものをそれぞれ**一つずつ**選びなさい。

＜対話文1＞

- ア On the highest floor of a building.
- イ At a temple.
- ウ At their school.
- エ On the seventh floor of a building.

＜対話文2＞

- ア To see Mr. Smith.
- イ To return a dictionary.
- ウ To borrow a book.
- エ To help Taro.

＜対話文3＞

- ア At eleven fifteen.
- イ At eleven twenty.
- ウ At eleven thirty.
- エ At eleven fifty-five.

〔**問題B**〕 ＜Question 1＞では，下のア～エの中から適するものを一つ選びなさい。
＜Question 2＞では，質問に対する答えを英語で書きなさい。

＜Question 1＞

- ア For six years.
- イ For three years.
- ウ For two years.
- エ For one year.

＜Question 2＞

（15秒程度，答えを書く時間があります。）

〔問題A〕	<対話文1>	⑦	④	⑦	⑪
	<対話文2>	⑦	④	⑦	⑪
	<対話文3>	⑦	④	⑦	⑪
〔問題B〕	<Question 1>	⑦	④	⑦	⑪
	<Question 2>				

実践問題② 放送文

英文とそのあとに出題される質問が，それぞれ全体を通して二回ずつ読まれます。問題用紙の余白にメモをとってもかまいません。

（2秒の間）

〔問題A〕

問題Aは，英語による対話文を聞いて，英語の質問に答えるものです。ここで話される対話文は全部で三つあり，それぞれ質問が一つずつ出題されます。質問に対する答えを選んで，その記号を答えなさい。

では，＜対話文1＞を始めます。

（3秒の間）

Yumi: David, we are on the highest floor of this building. The view from here is beautiful.

David: I can see some temples, Yumi.

Yumi: Look! We can see our school over there.

David: Where?

Yumi: Can you see that park? It's by the park.

David: Oh, I see it. This is a very nice view.

Yumi: I'm glad you like it. It's almost noon. Let's go down to the seventh floor. There are nice restaurants there.

（3秒の間）

Question : Where are Yumi and David talking?

（5秒の間）

繰り返します。

＜対話文2＞を始めます。

（3秒の間）

Taro: Hi, Jane. Will you help me with my homework? It's difficult for me.

Jane: OK, Taro. But I have to go to the teachers' room now. I have to see Mr. Smith to give this dictionary back to him.

Taro: I see. Then, I'll go to the library. I have a book to return, and I'll borrow a new one for my homework.

Jane: I'll go there later and help you.

Taro: Thank you.

（3秒の間）

Question : Why will Jane go to the library?

（5秒の間）

繰り返します。

＜対話文３＞を始めます。

（３秒の間）

Woman:	Excuse me. I'd like to go to Minami Station. What time will the next train leave?
Man:	Well, it's eleven o'clock. The next train will leave at eleven fifteen.
Woman:	My mother hasn't come yet. I think she will get here at about eleven twenty.
Man:	OK. Then you can take a train leaving at eleven thirty. You will arrive at Minami Station at eleven fifty-five.
Woman:	Thank you. We'll take that train.

（３秒の間）

Question : When will the woman take a train?

（５秒の間）

繰り返します。

〔**問題B**〕

（３秒の間）

これから聞く英語は，ある外国人の英語の先生が，新しく着任した中学校の生徒に対して行った自己紹介です。内容に注意して聞きなさい。

あとから，英語による質問が二つ出題されます。＜Question 1 ＞では，質問に対する答えを選んで，その記号を答えなさい。＜Question 2 ＞では，質問に対する答えを英語で書きなさい。

なお，＜Question 2 ＞のあとに，15秒程度，答えを書く時間があります。

では，始めます。（２秒の間）

Good morning, everyone. My name is Margaret Green. I'm from Australia. Australia is a very large country. Have you ever been there? Many Japanese people visit my country every year. Before coming to Japan, I taught English for five years in China. I had a good time there.

I have lived in Japan for six years. After coming to Japan, I enjoyed traveling around the country for one year. I visited many famous places. Then I went to school to study Japanese for two years. I have taught English now for three years. This school is my second school as an English teacher in Japan. Please tell me about your school. I want to know about it. I'm glad to become a teacher of this school. Thank you.

（３秒の間）

＜Question 1 ＞ How long has Ms. Green taught English in Japan?

（５秒の間）

＜Question 2 ＞ What does Ms. Green want the students to do?

（15秒の間）

繰り返します。

描いてくつろぎます。多くのものを想像して，よく動物，人，建物を描きます。問2a 紙の上に自分独自の世界をデザインできるので，絵を描くことが好きです。自分のアイデアや意見を表現するのに良い方法です。さて，みなさんもそれをやってリラックスしてみてはどうでしょう？ご清聴ありがとうございました。

解答例

第1問　1番．a．誤　b．正　c．誤　d．誤

　　　　2番．a．誤　b．誤　c．正　d．誤

　　　　3番．a．誤　b．誤　c．誤　d．正

第2問　問1．a．誤　b．誤　c．正　d．誤

　　　　問2．a．正　b．誤　c．誤　d．誤

解説

第1問　1番　問い「アレックスは次に何と言うでしょうか？」…ケイト「あら，いやだ！雨が降ってる。信じられないわ」→アレックス「ケイト，どうしたの？」→ケイト「あら，アレックス。傘を持っていないの」の流れより，b「はい，どうぞ。僕はもう1本持ってるよ」が正しい。

　2番　問い「ジェーンは次に何と言うでしょうか？」…ピーター「わぁ！この店にはたくさんのDVDがあるね。見てよ，ジェーン。この映画がよさそうだ。キャラがすごく怖いよ」→ジェーン「ほんと？ごめん，ピーター。私はあまり好きじゃないわ」→ピーター「なぜそう思うの？」の流れより，c「怖い映画のファンじゃないの」が正しい。

　3番　問い「この会話について正しいのはどれですか？」…マイク「やあ，マリ。料理中？」→マリ「そうよ，マイク。カレーライスを作ってるの」→マイク「手伝いたいよ。僕もカレーを作れるよ」→マリ「ありがとう。どうやって学んだの？」→マイク「祖母が教えてくれたんだ。僕の夢は，彼女のような素敵な料理人になることだよ」より，d「マイクは祖母から料理を学んだ」が正しい。

第2問　【日本語訳】参照。

　問1　問い「ケンは何について話していますか？」…c「彼は絵を描くことについて話しています」が正しい。

　問2　問い「ケンはなぜ絵を描くことが好きですか？」…a「なぜなら彼は自分独自の世界をデザインできるからです」が正しい。

【日本語訳】

　みなさん，こんにちは。僕はケンです。問1c 僕の好きなことについて話したいと思います。それは絵を描くことです。僕は宿題を済ませたあとはたいてい絵を描くことです。

患者さんのために働きたいのです。これが僕の夢です。
ご清聴ありがとうございました。

過去問題②

第1問　1番．a．誤　b．誤　c．正　d．誤
　　　　2番．a．正　b．誤　c．誤　d．誤
　　　　3番．a．誤　b．誤　c．誤　d．正
第2問　問1．a．誤　b．誤　c．正　d．誤
　　　　問2．a．正　b．誤　c．誤　d．誤

解説

第1問

1番　問い「エレナは次に何を言いますか？」…マイクの2回目の発言「僕はカナダ出身なんだ。君は？」より，c「私はイタリア出身よ」が正しい。

2番　問い「彼らはどこにいますか？」…女性の最初の発言「あなたのパスポートを見せてください」より，a「彼らは空港にいます」が正しい。　・airport「空港」

3番　問い「彼らは次に何をしますか？」…ケンの最後の発言「僕はレストランに携帯電話を忘れてきちゃったよ！」より，d「彼らはレストランに戻ります」が正しい。　・go back to ～「～へ戻る」

第2問　【日本語訳】参照。

問1　問い「ヒロトがよく病院に行っていたのはいつですか？」…c「彼は子どもの時，そこへ行きました」が正しい。a「彼は忙しい時，そこへ行きました」，b「彼は寂しい時，そこへ行きました」，d「彼は中学生の時，そこへ行きました」は，いずれも問いの答えにならない。

問2　問い「ヒロトは将来，何をしたいと思っていますか？」…a「彼は病気の人々のために働きたい」が正しい。b「彼は医師になりたい」，c「彼は母を勇気づけたい」，d「彼は自分の夢について話したい」は，いずれも問いの答えにならない。

【日本語訳】

みなさん，こんにちは。僕はヒロトと言います。これから僕の将来について話をします。僕は看護師になりたいと思っています。なぜなら病気の人を助けたいからです。問1僕は小さい時，とても体が弱く，よく病院に通っていました。周りの看護師さんたちはいつも僕を大変勇気づけてくれました。彼らのおかげで，今では多くのことをすることができます。だから問2僕は

解答例

第1問　1番．a．正　b．誤　c．誤　d．誤

　　　　2番．a．誤　b．誤　c．正　d．誤

　　　　3番．a．誤　b．誤　c．正　d．誤

第2問　問1．a．誤　b．誤　c．誤　d．正

　　　　問2．a．誤　b．正　c．誤　d．誤

解説

第1問

　1番　問い「彼らはどこにいますか？」…男性（ジェイソン）の1回目の発言「ここから私が借りるべき本はどれですか？」より，a「彼らは図書館にいます」が正しい。

　2番　問い「ジョンは次に何を言いますか？」…ジョン「アヤ，君は次の日曜日のバスケットボールの試合に僕たちと一緒に来るんだよね？」→アヤ「そうよ，ジョン。何時にどこで待ち合わせをする？」→という会話の流れから，c「12時に学校の前で会おう」が正しい。

　・in front of ~「~の前に」

　3番　問い「タロウは次に何を言いますか？」…女性（ジェーン）の2回目の発言「あなたが最も興味があるのはどの分野？」から，c「日本の民主主義の歴史だよ」が正しい。

第2問

【日本語訳】参照。

　問1　問い「バスの中で何が起こりましたか？」…d「少年が祖父に座席を譲った」が正しい。a「父親が病気になって買い物をあきらめた」，b「彼らはドアの近くの優先座席を見付けることができた」，c「少年は父親と同じTシャツを着ていた」は，いずれも問いの答えにならない。

　問2　問い「彼女はその少年が高校生だということをどうやって知りましたか？」…b「彼女は彼のTシャツの学校名を見た」が正しい。a「彼のスポーツバッグに高校名が書かれていた」，c「彼は友人と一緒に学校について話した」，d「彼は自分自身のことをその家族に話した」は，いずれも問いの答えにならない。

【日本語訳】

　昨日，父と私は祖父を訪ね，買い物を手伝いました。私たち3人はバスに乗ってデパートまで行きました。バスはとても混んでいたので，私たちはドアの近くに立っていました。問1突然背の高い男の子が私たちのところに来て，祖父に席を譲ってくれました。問2彼はTシャツを着ていて，背中には高校名が書いてありました。とてもかっこよかったです。私はその生徒のような親切な人になりたいです。

過去問題④

第1問　1番．a．正　b．誤　c．誤　d．誤

　　　　2番．a．誤　b．誤　c．正　d．誤

　　　　3番．a．誤　b．正　c．誤　d．誤

第2問　問1．a．正　b．誤　c．誤　d．誤

　　　　問2．a．誤　b．誤　c．誤　d．正

解説

＜聞き取り検査＞

第1問　1番　問い「男性は次に何と言うでしょうか？」…女性「すみません。これはあなたのお財布ですか？」→男性「あ，そうです！私のものです！どこで見つけてくださいましたか？」→女性「電車の座席に置きっぱなしでしたよ。はい，どうぞ」の流れより，a「あなたはとても親切ですね。ありがとうございました」が正しい。

　　　2番　問い「ジョンは次に何をするでしょうか？」…ジョン「おやすみなさい，お母さん。明日の朝食は何？」→母「トーストと牛乳よ。なぜ聞くの，ジョン？」→ジョン「夢の中でもおいしい朝食を楽しみたいと思って」の流れより，c「ジョンはすぐに寝るつもりです」が正しい。

　　　3番　問い「なぜボブは週末だけビーチを訪れるのですか？」…ケイト「あら，マイク」→マイク「やあ，ケイト。元気そうだね。お兄さんのボブはどうしてる？」→ケイト「ボブは大学生としてゴールドコーストでの生活を満喫しているわ」→マイク「そうなの？その都市にはたくさんのきれいなビーチがあるね。彼は毎日ビーチに行くんじゃない？」→ケイト「いいえ，彼がビーチに行くのは週末だけよ。大学が忙しいのよ」より，b「月曜日から金曜日まではやることがたくさんあるから」が正しい。

第2問　【放送文の要約】参照。　問1　問い「ケイトはどれくらいの間日本に滞在するでしょうか？」…a「彼女は日本に2週間滞在します」が正しい。

　　　問2　問い「ケイトは日本人の生徒たちと一緒に何をしたいですか？」…d「彼女は音楽と彼女のお気に入りの歌手について話したいです」が正しい。

【放送文の要約】

　こんにちは。私の名前はケイトです。問1a 日本を訪れて2週間滞在する予定です。みなさんがこのロンドンからのメッセージを楽しんでくれると嬉しいです。私は学校で日本語を勉強しています。日本語は難しいですが，問2d みなさんと日本語で話したいです。私の好きなことの1つは日本のポップミュージックを聴くことです。みなさんはどんな音楽が好きですか？皆さんに会うのが楽しみです。問2d 音楽と私のお気に入りの歌手について話しましょう！ご清聴ありがとうございました。

過去問題⑤

解答例

第1問　1番．a．誤　b．誤　c．誤　d．正
　　　　2番．a．誤　b．正　c．誤　d．誤
　　　　3番．a．正　b．誤　c．誤　d．誤
第2問　問1．a．誤　b．誤　c．正　d．誤
　　　　問2．a．誤　b．誤　c．誤　d．正

解説

第1問

　1番　問い「ケンは次に何と言うでしょうか？」…エレンの3回目の発言「もっと（ピザを）召し上がりますか？」への返事だから，d「ええ，お願いします。もっと食べたいです」が正しい。

　2番　問い「彼らはどこにいるでしょうか？」…女性の最初の発言「私はこのブルーのペンが欲しいです。おいくらですか？」から，b「彼らは文房具店にいます」が正しい。　・stationery shop「文房具店」

　3番　問い「ジョンの母は何をするでしょうか？」…母「ジョン，宿題は終わったの？」→ジョン「うん，ママ。とてもお腹が空いたよ」→母「わかったわ。夕食はできているわ。パパに食堂へ来るよう言ってちょうだい」→ジョン「いいよ。パパと来るね」という会話の流れから，a「彼女は夫とジョンと一緒に夕食を食べる」が正しい。

第2問　【日本語訳】参照。

　問1　問い「リカは何について話していますか？」…c「彼女は自分の学校のグローバル祭について話している」が正しい。a「彼女は自分の学校の最も大きなグローバルイベント全てについて話しています」，b「彼女は海外から来る生徒について話しています」，d「彼女は自分が外国で見たショーについて話しています」は，いずれも問いの答えにならない。

　問2　問い「人々は今日，リカの学校で何をすることができますか？」…d「彼らは多くの文化を経験することができる」が正しい。a「彼らは生徒会のメンバーになることができる」，b「彼らは彼女の学校の生徒たちと多くの国々に行くことができる」，c「彼らは彼女の学校の生徒たちを手伝うことができる」は，いずれも問いの答えにならない。　・help＋人＋to～「（人）が～することを助ける」

【日本語訳】

　こんにちは。私は生徒会長のリカです。問1 c 本校のグローバル祭にようこそ。このグローバル祭は，本校のグローバルイベントの中で最も大きなものの1つです。グローバル祭では，多くの国々から大勢の人々が本校に集まって，生徒たちと一緒に楽しく過ごします。問2 d 今日はみなさんが世界中の多くの文化を経験するのに役立つショーをたくさん用意しました。一緒にグローバル祭を楽しみましょう！ご清聴ありがとうございました。

過去問題⑥

解答例

第1問　1番. a. 正　b. 誤　c. 誤　d. 誤

　　　　2番. a. 誤　b. 誤　c. 正　d. 誤

　　　　3番. a. 誤　b. 誤　c. 誤　d. 正

第2問　問1. a. 誤　b. 正　c. 誤　d. 誤

　　　　問2. a. 誤　b. 誤　c. 誤　d. 正

解説

第1問

1番　問い「キムは次に何と言うでしょうか？」…男性（ボブ）の2回目の発言「家に消しゴムを忘れたみたいだ。（貸してもいい）消しゴムを持ってる，キム？」への返事だから，a「どうぞ。今日1日使ってもいいよ」が正しい。

2番　問い「デイブは次に何と言うでしょうか？」…女性（デイブの母親）の2回目の発言「食卓の準備を手伝ってくれない？」への返事だから，c「いいよ。すぐに行くよ」が正しい。　・I'm coming soon.「すぐに行くよ」

3番　問い「どういう状況ですか？」…ベス「やったわ。私の勝ちね！」→ケン「だめだ！あまりに広すぎて外でテニスはできないよ，ベス」→ベス「ケン，結果を受け入れなさい。私たちは同じ状況で試合をしたの」→ケン「そうは思わないな。僕がボールを打ったときに風が強く吹いたんだ！」という会話の流れから，d「ケンは結果に少し落胆しているように思われる」が正しい。

第2問

【日本語訳】参照。

問1　問い「ハルコは何について話していますか？」…b「彼女はお気に入りの言葉について話しています」が正しい。a「彼女は良い友達について話しています」，c「彼女は母親と一緒に住んでいることについて話しています」，d「彼女は自分の学校について話しています」は，いずれも問いの答えにならない。

問2　問い「『ありがとう』という言葉はどのように彼女を助けますか？」…d「それは彼女がたくさんの友達を作ることを助けます」が正しい。a「それは彼女が教室で自分自身について聞く（＝自分が何を言っているのか考える）ことを助けます」，b「それは彼女が家で皿を洗うことを助けます」，c「それは彼女に父親が何を言ったかを思い出すことを助けます」は，いずれも問いの答えにならない。

【日本語訳】

　私はハルコといいます。問1今日私は，私にとって最も大切な言葉について話します。それは「ありがとう」です。私はこの言葉が大好きです。もしだれかが私にありがとうと言ったら，私はいつもとてもうれしく感じます。私が皿洗いを手伝うと母はいつも私にこの言葉を言います。私は「ありがとう」はだれにとっても暖かい言葉だと思います。ですから，「ありがとう」と言うことで，問2たくさん友達を作る良い機会が与えられると思います。私は周りにいる人たちに「ありがとう」と言いたいです。ご清聴ありがとうございました。

ーストラリアの動物についても学びたいよ」より，science「理科」が適切。

【放送文の要約】

みなさん，こんにちは。修学旅行は来週の月曜日からです。夜7時に日本を出発し，①翌日の朝，オーストラリアに到着します。到着後，わくわくするようなことをします。最初に新しい美術館に行き，次に大きく美しい公園に行きます。②公園で素敵な写真を撮り，あとで家族に見せてください。水曜日から，みなさんは学校に通い始めます。3日間の授業が組まれています。③水曜日と木曜日には，全員が英語，歴史，音楽を勉強します。金曜日に，一緒にもう1つの教科を勉強します。どんな教科を勉強したいですか？明日話し合いましょう。土曜日の朝にオーストラリアを出発し，夜に日本に到着します。

実践問題①

解答例

(ア)No. 1. 3　No. 2. 2　No. 3. 4

(イ)No. 1. 1　No. 2. 3

(ウ)No. 1. 5　No. 2. science

解説

(ア)No. 1　直前のサラの質問「学校からそこへどうやって行くの？」より，3「君は図書館へ行くために電車を使うことができるよ」が適切。

No. 2　サラの1回目の発言「明日，弟を動物園へ連れて行こうよ」とアキラの1回目の発言「でも明日は雨らしいよ。他の場所にしよう」と直前のサラの質問「どこへ行くの？」より，2「博物館はどう？」が適切。

No. 3　直前のサラの質問「彼(イヌ)には名前があるの？」より，4「いや，彼を何て呼ぶか考えているんだ」が適切。

(イ)No. 1　質問「ポールについて言えることは何ですか？」…ポールの最後の発言「僕らはいつも自分たちの考えを話しているよ。それが楽しいんだ」より，1「クラスメートと映画について話しているときに楽しい」が適切。

No. 2　質問「ポールとミキについて言えることは何ですか？」…ミキの1回目の発言「私は野球の試合を見るために家族とカモメスタジアムに行ったわ」とポールの2回目の発言「僕はその試合をテレビで見たよ」より，3「ポールとミキは土曜日に野球の試合を見た」が適切。

(ウ)【放送文の要約】参照。

No. 1　①「次の(　　)にオーストラリアに着く予定です」より，Tuesday「火曜日」が適切。　②「私たちは公園で(　　)ことができます」より，take pictures「写真を撮る」が適切。　③「私たちは学校で(　　)の教科を勉強する予定です」より，four「4つ」が適切。

No. 2　ケイタのメッセージ「やあ，リエ。明日，オーストラリアの学校での最後の1日について話をしようよ。僕は(　　)を勉強したいな。僕はオーストラリアで見られる星について学びたいんだ。僕はオ

解答例

〔問題A〕 ＜対話文１＞ア　＜対話文２＞エ
　　　　　＜対話文３＞ウ

〔問題B〕 ＜Question１＞イ

＜Question２＞To tell her about their school.

解説

〔問題A〕

＜対話文１＞　質問「ユミとデイビッドはどこで話しているのですか？」…ユミの１回目の発言「私たちはこの建物の最上階にいるわ」より，アが適切。

＜対話文２＞　質問「なぜジェーンは図書館に行くのですか？」…タロウの２回目の発言「それじゃあ，図書館に行くよ」，ジェーンの２回目の発言「あとで行って手伝うわ」より，エが適切。

＜対話文３＞　質問「女性はいつ電車に乗りますか？」…女性の２回目の発言「私の母はまだ来ていません。彼女は 11 時 20 分頃にここに着くと思います」→男性の２回目の発言「わかりました。それなら，11 時 30 分に発車する電車に乗ることができます」→女性の３回目の発言「ありがとうございます。それに乗ります」の流れより，ウが適切。

〔問題B〕

【放送文の要約】参照。

＜Question１＞　質問「グリーン先生は日本でどれくらい英語を教えてきましたか？」

＜Question２＞　質問「グリーン先生は生徒に何をしてほしいですか？」…グリーン先生は生徒たちの学校について教えてほしいので，To tell her about their school.「彼女に彼らの学校について教えること」が適切。

【放送文の要約】

おはようございます，みなさん。私の名前はマーガレット・グリーンです。私はオーストラリアから来ました。オーストラリアはとても大きな国です。行ったことがありますか？毎年多くの日本人が私の国を訪れます。日本に来る前，私は中国で５年間英語を教えていました。私はそこで楽しい時間を過ごしました。

私は日本に６年間住んでいます。私は日本に来てから１年間，日本中を旅するのを楽しみました。多くの有名な場所を訪れました。それから２年間，日本語を勉強するために学校に通いました。₁ɪ私は３年間英語を教えています。この学校は，日本で英語教師として２番目の学校です。₂みなさんの学校について教えてください。それについて知りたいです。この学校の先生になれてよかったです。ありがとうございました。

高校入試対策

英語リスニング 練習問題

解 答 集

≡ contents

※**問題は別冊です**

入試本番に向けて

入試本番までにしておくこと

入試本番までに志望校の過去問を使って出題パターンを把握しておこう。英語リスニング問題は学校ごとに出題傾向があります。受験する学校の出題パターンに慣れておくことが重要です。

リスニング開始直前のチェックポイント

音声が流れるまでに問題文全体にざっと目を通そう。それぞれの問題で話題となる場面や登場人物をチェックしておこう。

✓ イラストを check！

英語リスニング問題ではイラストやグラフが使われることが多くあります。イラストなら**共通点と相違点を見つけて**，放送される事がらを予想しておこう。グラフなら**たて軸とよこ軸が何を表しているか**を見ておこう。

✓ 選択肢を check！

英文を選ぶ問題では，選択肢の登場人物，場所，日時などを事前に見つけ出して○やアンダーラインなどの"しるし"をつけておこう。また，選択肢の共通点と相違点を見つけて質問を予想しておこう。

✓ 数字表現を check！

英語リスニング問題で必ず出題されるのが数字表現です。問題に数を表したイラストや時間を表す単語などがあるときは，数字を意識して解く問題だと予想しておこう。あらかじめ，問題文の英単語を数字に置きかえてメモしておく（fifteen → 15）とよい。

リスニング本番中の心構え

✓ メモにとらわれない！

英語リスニング問題ではほとんどの場合，「放送中にメモを取ってもかまいません。」という案内があります。特に，長文を聴き取らなくてはならないときはメモは不可欠です。ただし，メモを取るときに注意すべきことがあります。それは，**メモを取ることに集中しすぎて音声を聴き逃さない**ことです。○やアンダーラインなど自分がわかる"しるし"をうまく活用して，「聴く」ことから気をそらさないようにしよう。

✓ 2回目は聴き方を変える！

放送文が1回しか読まれない入試問題もありますが，多くの場合は質問も含めて2回繰り返して読まれます。2回繰り返して読まれるときは，1回目と2回目で聴き方を変えます。1回目は状況や場面を意識し，（質問が先に放送される場合は，）2回目は質問に合う答えを出すことを意識しよう。1回目で答えがわかったときは，2回目は聴き違いがないか消去法を使って確実に聴き取ろう。

この解答集の特長と使い方

問題を解き終えたら，基本問題集（別冊）P1 ～ P2 の手順で答え合わせと復習をしよう。
解答集の左側のページにある QR コードを読み取ると，そのページの**さらに詳しい解説**を見ることができます。

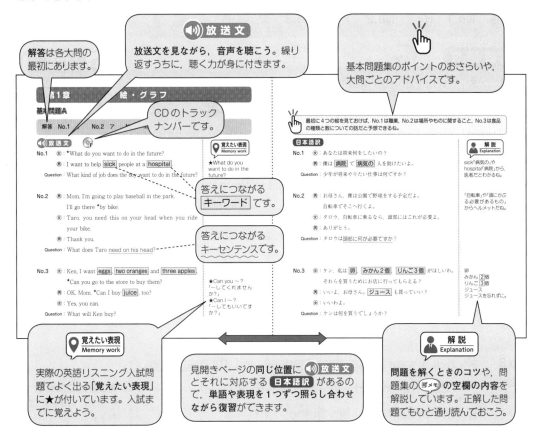

 **まとめ**　（P37 ～ 38）

「覚えたい表現」をおさらいしておこう。
このページの QR コードを読み取ると，グループ分けした「覚えたい表現」を見ることができます。

聞き違いをしやすい表現
Easy to mistake　（P39）

「聞き違いをしやすい表現」を知っておこう。
このページの音声はＣＤや教英出版ウェブサイトで聴くことができます。

もっと リスニング力 をつけるには

🔊 **音声に合わせてシャドーイング（発音）してみよう！**
　正しい発音ができるようになると聴く力もぐんと上がります。まずは自分のペースで放送文を声に出して読んでみよう。次に音声に合わせて発音していこう。最初は聴こえたまま声に出し，慣れてきたら正しい発音を意識しよう。繰り返すうちに，おのずと正しい発音を聴き取る耳が鍛えられます。

🔊 **音声を聴きながらディクテーション（書き取り）してみよう！**
　聴こえた英文を書き取る練習をしよう。何度も聴いて文が完成するまでトライしよう。聴き取れなかった単語や文がはっきりするので，弱点の克服につながります。また，英語を書く力も鍛えられます。

第1章　　　絵・グラフ

基本問題A

解答　No.1　イ　　No.2　ア　　No.3　エ

 放送文

No.1　⊛：★What do you want to do in the future?

　　　　⊛：I want to help sick people at a hospital .

　　Question：What kind of job does the boy want to do in the future?

No.2　⊛：Mom, I'm going to play baseball in the park.

　　　　　I'll go there ★by bike.

　　　　⊛：Taro, you need this on your head when you ride your bike.

　　　　⊛：Thank you.

　　Question：What does Taro need on his head?

No.3　⊛：Ken, I want eggs , two oranges and three apples .

　　　　　★Can you go to the store to buy them?

　　　　⊛：OK, Mom. ★Can I buy juice , too?

　　　　⊛：Yes, you can.

　　Question：What will Ken buy?

> **覚えたい表現**
> Memory work
>
> ★What do you want to do in the future?
> 「あなたは将来何をしたいですか？」
>
> ★by bike
> 「自転車で」
>
> ★Can you ～?
> 「～してくれませんか？」
> ★Can I ～?
> 「～してもいいですか？」

基本問題B

解答　No.1　ア　　No.2　イ　　No.3　ア　　No.4　イ

 放送文

No.1　A man is ★looking at a clock on the wall .

　　Question：Which person is the man?

No.2　It was snowing this morning, so I couldn't go to school by bike. I ★had to walk.

　　Question：How did the boy go to school this morning?

> **覚えたい表現**
> Memory work
>
> ★look at ～
> 「～を見る」
>
> ★have to ～
> 「～しなければならない」

最初に4つの絵を見ておけば，No.1は職業，No.2は場所やものに関すること，No.3は食品の種類と数についての話だと予想できるね。

日本語訳

解 説
Explanation

No.1　⬚女：あなたは将来何をしたいの？

　　　　⬚男：僕は 病院 で 病気の 人を助けたいよ。

　Question：少年が将来やりたい仕事は何ですか？

sick「病気の」やhospital「病院」から，医者だとわかるね。

No.2　⬚男：お母さん，僕は公園で野球をする予定だよ。

　　　　　　自転車でそこへ行くよ。

　　　　⬚女：タロウ，自転車に乗るなら，頭部にはこれが必要よ。

　　　　⬚男：ありがとう。

　Question：タロウは頭部に何が必要ですか？

「自転車」や「頭にかぶる必要があるもの」からヘルメットだね。

No.3　⬚女：ケン，私は 卵 , みかん2個 , りんご3個 がほしいわ。

　　　　　　それらを買うためにお店に行ってもらえる？

　　　　⬚男：いいよ，お母さん。 ジュース も買っていい？

　　　　⬚女：いいわよ。

　Question：ケンは何を買うでしょうか？

卵
みかん 2 個
りんご 3 個
ジュース
ジュースを忘れずに。

4つの絵を見比べて，メモする内容を予想できたかな？ No.1は男性がしていること，No.2は天気と移動手段，No.3は少年の体調，No.4は時刻だね。

日本語訳

解 説
Explanation

No.1　男性が 壁 の 時計 を見ています。

　Question：その男性はどの人ですか？

clock「掛け時計／置き時計」より，**ア**だね。

No.2　今朝は 雪が降って いたので，私は学校に自転車で行けませんでした。私は 歩かなければなりませんでした。

　Question：その少年は今朝，どうやって学校へ行きましたか？

"snowing"，"walk"が聞き取れれば，**イ**とわかるね。

No.3　女：★What's the matter?

　　　　男：Well, I've had a stomachache since this morning.

　　　　　　I didn't have it ★last night.

　　　　女：That's too bad. Are you all right?

　　Question：When did the boy have a stomachache?

★What's the
matter?
「どうしたの？」
★last night「昨夜」

No.4　女：Good morning, Kanta. Did you sleep well last night?

　　　　男：Yes, Judy. I ★went to bed at eleven last night and ★got

　　　　　　up at seven this morning .

　　　　女：Good. I could only sleep ★for six hours.

　　Question：What time did Kanta get up this morning ?

★go to bed
「寝る」
★get up「起きる」

★for ～（期間を表
す言葉）「～の間」

練習問題A

> 解答　No.1　ア　　No.2　エ　　No.3　ア　　No.4　ウ

No.1　女：Ah, I hope it will ★stop raining soon.

　　　　男：It was sunny yesterday.

　　　　女：Yes. But the TV says we will have snow this

　　　　　　afternoon.

　　　　男：Really? ★How about tomorrow ?

　　　　女：It will be cloudy.

　　Question：How will the weather be tomorrow ?

★stop ～ ing
「～することをやめる」

★How about ～？
「～はどうですか？」

No.2　男：★Thank you for giving me a birthday present, Mary.

　　　　　　I like the bag very much.

　　　　女：I'm happy you like it, Kenta.

　　　　　　Oh, you're wearing a nice T-shirt today.

　　　　男：This is a birthday present from my sister.

　　　　　　And my mother made a birthday cake ★for me.

　　　　女：Great. But you wanted a computer, right?

　　　　男：Yes, I got one from my father !

　　Question：What did Kenta get from his father ?

★Thank you for
～ ing.
「～してくれてありが
とう」

★for ～（対象を表す
言葉）「～のために」

No.3　⑤：どうしたの？

　　　⑨：うーん，今朝からずっとお腹が痛いんです。
　　　　　昨夜は痛くなかったのですが。

　　　⑤：それは大変ね。大丈夫？

　　　Question：少年はいつお腹が痛かったですか？

No.4　⑤：おはよう，カンタ。昨夜はよく眠れた？

　　　⑨：うん，ジュディ。昨夜は11時に寝て，今朝は7時に起きたよ。

　　　⑤：いいね。私は6時間しか眠れなかったわ。

　　　Question：カンタは今朝何時に起きましたか？

No.1は天気，No.2は誕生日プレゼント，No.3は時刻，No.4はクラスのアンケート結果に
ついてメモしよう。No.3は計算が必要だね。

日本語訳

No.1　⑤：ああ，すぐに雨が止んでほしいわ。

　　　⑨：昨日は晴れていたのに。

　　　⑤：ええ。でもテレビによると，今日の午後は雪らしいわ。

　　　⑨：本当に？ 明日はどう？

　　　⑤：くもりらしいわ。

　　　Question：明日の天気はどうですか？

No.2　⑨：誕生日プレゼントをありがとう，メアリー。
　　　　　バッグをとても気に入ったよ。

　　　⑤：気に入ってくれてよかったわ，ケンタ。
　　　　　あら，今日は素敵なTシャツを着ているわね。

　　　⑨：これは姉(妹)からの誕生日プレゼントなんだ。
　　　　　母も僕のために誕生日ケーキを作ってくれたんだ。

　　　⑤：すてき。でもあなたはパソコンがほしかったんでしょ？

　　　⑨：そうだよ，父からもらったよ！

　　　Question：ケンタは父から何をもらいましたか？

No.3 　（女）：The movie will start at 11:00.

★What time shall we meet tomorrow, Daiki?

　（男）：How about meeting at the station at 10:30, Nancy?

　（女）：Well, I want to go to a bookstore with you before the movie starts. Can we meet earlier?

　（男）：All right. Let's meet at the station fifty minutes before the movie starts.

　（女）：OK. See you tomorrow!

Question：What time will Daiki and Nancy meet at the station?

★What time shall we meet?
「何時に待ち合わせようか？」

No.4 　（女）：Tsubasa, look at this!

We can see the most popular sports in each class.

　（男）：Soccer is ★the most popular in my class, Mary.

　（女）：Soccer is popular in my class, too.
But volleyball is more popular.

　（男）：I see. And many of my classmates want to play softball. I want to try it, too!

　（女）：Really? ★No students in my class want to play softball.

Question：Which is Mary's class?

★the＋最上級＋in＋○○
「○○の中で最も…」

★no＋人
「(人)が1人もいない」

練習問題B

解答　No.1　ア　　No.2　ウ　　No.3　ア　　No.4　ウ

No.1 　（女）：Kota, what a nice room!

　（男）：Thank you! Do you know what this is, Judy?

　（女）：No. ★I've never seen it before. Is it a table?

　（男）：Yes, but this is not just a table.
This also ★keeps us warm in winter.

Question：What are they talking about?

★I've never ～ .
「私は一度も～したことがない」

★keep＋人／もの＋状態「(人／もの)を(状態)に保つ」

No.3 女：映画は11時に始まるわ。

明日は何時に待ち合わせようか，ダイキ？

男：10時半に駅で待ち合わせるのはどう，ナンシー？

女：そうねぇ，私は映画が始まる前にあなたと書店に行きたいわ。
もっと早く待ち合わせできる？

男：いいよ。映画が始まる50分前に駅で会おう。

女：わかったわ。また明日ね！

Question：ダイキとナンシーは何時に駅で待ち合わせますか？

解説
Explanation

11時に映画が始まる。その50分前に待ち合わせるから，**ア**の「10時10分」だね。fifty「50」は前にアクセント，fifteen「15」は後ろにアクセントがあるよ。

No.4 女：ツバサ，これを見て！

それぞれのクラスで1番人気のあるスポーツがわかるわ。

男：僕のクラスではサッカーが1番人気だね，メアリー。

女：サッカーは私のクラスでも人気よ。
でも，バレーボールの方がもっと人気だわ。

男：そうだね。それから，僕のクラスメートの多くはソフトボールをやりたいようだよ。僕もやってみたいな！

女：本当？私のクラスではソフトボールをやりたい生徒はいないわ。

Question：メアリーのクラスはどれですか？

ツバサのクラス：
サッカーが1位
ソフトボールが人気

メアリーのクラス：
サッカーよりバレーボールが人気
ソフトボールが0人

グラフの問題の音声を聞くときは，1番多い(少ない)もの，増加，減少などをメモしよう。
消去法も有効だよ。

日本語訳

No.1 女：コウタ，何て素敵な部屋なの！

男：ありがとう！これは何か知ってる，ジュディ？

女：いいえ。一度も見たことがないわ。テーブルかしら？

男：そうだよ，でもこれはただのテーブルではないんだ。
これは冬に僕らを温めてもくれるんだ。

Question：彼らは何について話していますか？

解説
Explanation

ただのテーブルではなく，温めてくれるもの→「こたつ」だね。

← さらに詳しい解説

覚えたい表現
Memory work

No.2　男：Kate, this is a picture of our music band.

We played some songs at the ★school festival this year.

It was a wonderful time for us!

女：You ★look excited, Hiroshi.

Who is the student playing the guitar ★next to you?

男：He is Ryosuke. He plays the guitar well, and the other student playing the guitar is Taro.

女：I see. The student playing the drums is Takuya, right?

★I hear he ★is good at singing, too.

Question：Which boy is Hiroshi?

★school festival
「学園祭」
★look ～
「～のように見える」
★next to ～
「～のとなりに」

★I hear (that) ～.
「～だそうだ」
★be good at ～ ing
「～することが得意だ」

No.3　It was interesting to know what activity you enjoyed the best in my English class.

I ★was glad to know that ★over ten students chose ★making speeches. Eight students chose reading stories, and ★the same number of students chose writing diaries.

Maybe you can guess the most popular activity among you. It was listening to English songs.

I hope you will ★keep enjoying English.

Question：Which graph is the speaker explaining?

★be glad to ～
「～してうれしい」
★over ～「～以上」
★make a speech
「スピーチをする」
★the number of ～
「～の数」

★keep ～ ing
「～し続ける」

No.4　Look at the graph.

This is a graph of the number of visitors to the art museum which was built in 2014 in our city.

The number kept ★going up until 2016.

But the next year, it ★went down 20%.

The numbers in 2017 and 2018 were the same.

Question：Which graph is the speaker explaining?

★go up「増加する」

★go down
「減少する」

No.2　㊚：ケイト，これは僕らの音楽バンドの写真だよ。

　　　　　僕らは今年学園祭で何曲か演奏したんだ。

　　　　　僕らにとってすばらしい時間だったよ！

　　　㊛：興奮しているようね，ヒロシ。

　　　　　あなたのとなりでギターを弾いているのは誰？

　　　㊚：彼はリョウスケだよ。彼はギターが上手なんだ，そしても

　　　　　う1人，ギターを弾いているのがタロウだよ。

　　　㊛：そうなの。ドラムをたたいているのはタクヤね？

　　　　　彼は歌も上手だそうね。

　　Question：どの少年がヒロシですか？

解　説
Explanation

ギター：
リョウスケとタロウ
ドラム：タクヤ
ヒロシはリョウスケ
のとなりにいる**ウ**だ
ね。

No.3　私の英語の授業の中で，みなさんが何の活動を一番楽しんだか

　　　がわかって興味深かったです。

　　　私は，10人以上の生徒がスピーチをすることを選んでくれたと

　　　知って，うれしく思いました。8人の生徒が物語を読むことを

　　　選び，同じ人数の生徒が日記を書くことを選びました。

　　　みなさんのあいだで一番人気があったものはたぶん想像がつく

　　　と思います。

　　　英語の歌を聞くことでした。

　　　これからもずっと英語を楽しんでほしいです。

　　Question：話し手が説明しているのはどのグラフですか？

音声を聞く前にグラ
フの項目名を見てお
こう。
スピーチ：10人以上
物語：8人
日記：物語と同じ人数
英語の歌：最も人気

これらの情報から**ア**
を選べるね。

No.4　グラフを見て下さい。

　　　これは，2014年に私たちの市に建てられた美術館の，来場者数

　　　のグラフです。

　　　その数は2016年まで増加し続けました。

　　　しかし，次の年に20％減少しました。

　　　2017年と2018年は同数でした。

　　Question：話し手が説明しているのはどのグラフですか？

増減に着目しよう。
「2016年まで増加」
「2017年と2018年は
同数」より，**ウ**だね。

第２章　　　　　次の一言

基本問題

解答　No.1　イ　　No.2　ウ　　No.3　イ　　No.4　ア

🔊 放 送 文　💿5

No.1　㊛：★Have you ever been to a foreign country?

　　　　㊚：Yes. I went to Australia last year.

　　　　㊛：Oh, I see. How long did you stay there?

　ア　By plane.　④ **For six days.**　ウ　With my family.

No.2　㊛：★May I help you?

　　　　㊚：Yes, I'm ★looking for a blue jacket.

　　　　㊛：How about this one?

　ア　Here you are.　イ　I'm just looking.　⑦ **It's too expensive for me.**

No.3　㊛：★What are you going to do this weekend?

　　　　㊚：I'm going to ★go fishing in the sea with my father if it's sunny.

　　　　㊛：Really? That will be fun.

　ア　Sorry, I'm busy.　④ **I hope the weather will be nice.**
　ウ　Nice to meet you.

No.4　㊛：Hello.

　　　　㊚：Hello, this is Mike. ★May I speak to Yoko?

　　　　㊛：I'm sorry. She isn't at home now.

　⑦ **OK. I'll call again later.**　イ　Shall I take a message?
　ウ　Hello, Yoko. How are you?

📍 **覚えたい表現**
Memory work

★Have you ever been to 〜?
「〜に行ったことがありますか？」

★May I help you?
「お手伝いしましょうか？／いらっしゃいませ」
★look for 〜
「〜を探す」

★What are you going to do?
「何をするつもりですか？」
★go fishing
「釣りに行く」

★May I speak to 〜?
「（電話で）〜さんをお願いできますか？」

最後の英文をメモできたかな。質問ならばそれに合う答えを選び，質問でなければ，話の流れから考えよう。消去法も有効だよ。

日本語訳

No.1
　女：外国に行ったことはある？

　男：うん。去年，オーストラリアに行ったよ。

　女：あら，そうなの。そこにはどれくらい滞在したの？

| ア　飛行機だよ。　　④　6日間だよ。　　ウ　家族と一緒にだよ。 |

最後の英文
How long ～?
「(期間をきいて)どれくらい～？」より，返答はFor ～.
「～間です」だね。

No.2
　女：お手伝いしましょうか？

　男：はい，青いジャケットを探しています。

　女：こちらはいかがですか？

| ア　はい，どうぞ。　　イ　見ているだけです。　　⑦　私には値段が高すぎます。 |

最後の英文
How about this one?
「こちらはいかがですか？」より，返答はウだね。

No.3
　女：この週末は何をするつもりなの？

　男：晴れたら，父と海に釣りに行くつもりだよ。

　女：本当に？それは楽しそうね。

| ア　ごめん，僕は忙しいんだ。　　④　天気が良いことを願うよ。
ウ　会えてうれしいよ。 |

最後の英文が質問ではない。その前に「晴れたら…」と言っているので，話の流れからイだね。

No.4
　女：もしもし。

　男：もしもし，マイクです。ヨウコさんをお願いできますか？

　女：ごめんね。彼女は今家にいないわ。

| ⑦　わかりました。あとでかけ直します。　　イ　伝言を預かりましょうか？
ウ　やあ，ヨウコ。元気？ |

電話で相手が不在だった場合，電話をかけた側がよく使う表現を選ぶよ。ふさわしいのはアだね。

－ 12 －

練習問題

解答　No.1　エ　　No.2　ウ　　No.3　イ　　No.4　ア

 放送文 💿6

No.1　（男）：Hello?

（女）：This is Natsuki. May I speak to Jim, please?

（男）：I'm sorry, but ★you have the wrong number.

> ア　I don't know your phone number.
> イ　I see. Do you want to leave a message?
> ウ　Can you ask him to call me?
> エ　I'm so sorry.

★You have the wrong number.
「番号が違っています」

No.2　（男）：Have you finished cooking?

（女）：No. ★I've just washed the tomatoes and carrots.

（男）：OK. Can I help you?

> ア　Sorry. I haven't washed the tomatoes yet.
> イ　I don't think so. Please help me.
> ウ　Thanks. Please cut these carrots.
> エ　All right. I can't help you.

★I've just＋過去分詞.
「ちょうど～したところだ」

No.3　（女）：It's so hot today. Let's have something to drink.

（男）：Sure. I know a good shop. It ★is famous for fruit juice.

（女）：Really? ★How long does it take to get there from here by bike?

> ア　Ten o'clock in the morning.　イ　Only a few minutes.
> ウ　Four days a week.　エ　Every Saturday.

★be famous for ～
「～で有名である」
★How long does it take to ～?
「～するのにどれくらい時間がかかりますか？」

No.4　（男）：Whose notebook is this? ★There's no name on it.

（女）：Sorry, Mr. Jones. It's mine.

（男）：Oh, Ellen. You should write your name on your notebook.

> ア　Sure. I'll do it now.　イ　No. I've never sent him a letter.
> ウ　Yes. You found my name on it.　エ　Of course. I finished my homework.

★There is no ～.
「～がない」

最後の英文を聞き取って，メモできたかな？質問や提案に対する受け答えを注意深く選ぼう。

日本語訳

No.1　男：もしもし？

　　　　女：ナツキです。ジムさんをお願いできますか？

　　　　男：すみませんが，番号が違っています。

> ア　私はあなたの電話番号を知りません。
> イ　わかりました。伝言を残したいですか？
> ウ　私に電話するよう彼に伝えてくれますか？
> エ　失礼しました。

No.2　男：料理は終わった？

　　　　女：いいえ。ちょうどトマトとニンジンを洗ったところよ。

　　　　男：よし，手伝おうか？

> ア　ごめん。私はまだトマトを洗い終えていないの。
> イ　そうは思わないわ。私を手伝って。
> ウ　ありがとう。ニンジンを切って。
> エ　わかったわ。私は手伝えないわ。

No.3　女：今日はとても暑いわ。何か飲みましょう。

　　　　男：いいね。いい店を知っているよ。フルーツジュースで有名
　　　　　　なんだ。

　　　　女：本当に？自転車でそこに行くのにどれくらい時間がかかるの？

> ア　午前10時だよ。　　イ　ほんの数分だよ。
> ウ　週に4日だよ。　　エ　毎週土曜日だよ。

No.4　男：これは誰のノートかな？名前が書いてないな。

　　　　女：すみません，ジョーンズ先生。私のです。

　　　　男：おお，エレン。ノートには自分の名前を書いておくべきだよ。

> ア　わかりました。すぐにそうします。
> イ　いいえ。彼に手紙を送ったことはありません。
> ウ　はい。あなたはそこに私の名前を見つけましたよね。
> エ　もちろんです。私は宿題を終えました。

解説
Explanation

男性の「番号が違っています」に対して，エ「失礼しました」以外は不適切だね。

男性の提案「手伝おうか？」に対して，ウ「ありがとう。ニンジンを切って」以外は不適切だね。

How long does it take to ～?「～するのにどれくらい時間がかかりますか？」に対して，イ Only a few minutes.「ほんの数分」以外は不適切だね。

先生から「ノートには自分の名前を書いておくべきだよ」と言われたことに対して，ア「わかりました。すぐにそうします」以外は不適切だね。

第3章　　　対話や英文と質問（1つ）

基本問題

解答　No.1　エ　　No.2　ア　　No.3　ウ

No.1　Mike finished his homework.

He was very hungry.

His mother said, "Dinner *is ready.

Please *tell Dad to come to the dining room."

So he went to his father.

Question：What is Mike's mother going to do?

> ア　She is going to do Mike's homework with her husband.
> イ　She is going to cook dinner in the dining room.
> ウ　She is going to go to the dining room with Mike.
> エ　She is going to eat dinner with her husband and Mike.

No.2　女：Tom, how's the pizza?

男：It's delicious, Lisa. I like your pizza very much.

女：Thank you. *Would you like some more?

Question：What will Tom say next?

> ア　Yes, please. I want more.　　イ　Help yourself, Lisa.
> ウ　I'm sorry. I can't cook well.　エ　Of course. You can take it.

No.3　女：I want this black pen . *How much is it?

男：Now we're having a sale. It's 1,500 yen this week.

女：I'll take it. It's a birthday present for my father.

Question：Where are they?

> ア　They are in the nurse's office.　イ　They are in the library.
> ウ　They are at a stationery shop.　エ　They are at a birthday party.

★覚えたい表現
Memory work

★be ready
「準備ができている」
★tell＋人＋to ～
「（人）に～するように言う」

★Would you like some more?
「もう少しいかが？」
（食べ物などを勧めるときの表現）

★How much ～？
「～はいくらですか？」

選択肢を読み比べておくと，誰の何について質問されるかをある程度予想できるよ。対話を聞きながら，人の名前や行動などをメモしよう。

日本語訳

No.1 マイクは宿題を終えました。

彼はとてもお腹がすいていました。

母親が言いました。「夕食の準備ができたわ。

お父さんにダイニングに来るように言って」

それで彼は父親のところに行きました。

Question：マイクの母親は何をするつもりですか？

ア　彼女は夫と一緒にマイクの宿題をするつもりです。
イ　彼女はダイニングで夕食を作るつもりです。
ウ　彼女はマイクとダイニングに行くつもりです。
㋒　**彼女は夫とマイクと一緒に夕食を食べるつもりです。**

No.2 ㊛：トム，ピザはどう？

㊚：おいしいよ，リサ。僕は君のピザが大好きだよ。

㊛：ありがとう。もう少しいかが？

Question：トムは次に何を言うでしょうか？

㋐　うん，お願い。もっとほしい。　　イ　自由に取ってね，リサ。
ウ　ごめん。うまく料理できないんだ。　エ　もちろん。取っていいよ。

No.3 ㊛：私はこの 黒いペン を買いたいです。おいくらですか？

㊚：ただいまセール中です。今週は1500円です。

㊛：それをいただきます。父への誕生日プレゼントなんです。

Question：彼らはどこにいますか？

ア　彼らは保健室にいます。　　イ　彼らは図書館にいます。
㋒　**彼らは文具店にいます。**　　エ　彼らは誕生日会にいます。

解 説
Explanation

マイク：宿題が終わった。おなかがすいた。父親を呼びに行く。
母親：夕食の準備ができた。
つまり，これから3人で夕食を食べるので，**エ**だね。

リサがトムに「もう少しいかが？」と勧めているので，**ア**だね。

黒いペンを売っている店だから，**ウ**の stationery shop「文具店」だね。

練習問題

解答　No.1　ア　　No.2　イ　　No.3　ア　　No.4　イ

 放送文　

覚えたい表現
Memory work

No.1　㊚：I'm going to buy a birthday present for my sister.
　　　　　　Lisa, can you go with me?

　　　　㊛：Sure, Ken.

　　　　㊚：★Are you free tomorrow?

　　　　㊛：Sorry, I can't go tomorrow. When is her birthday?

　　　　㊚：Next Monday. Then, how about this Saturday or
　　　　　　Sunday?

　　　　㊛：Saturday is fine with me.

　　　　㊚：Thank you.

　　　　㊛：What time and where shall we meet?

　　　　㊚：How about at eleven at the station?

　　　　㊛：OK. See you then.

　Question：When are Ken and Lisa going to buy a birthday
　　　　　　 present for his sister?

★Are you free?
「（時間が）空いている？」

㋐ This Saturday.　イ　This Sunday.　ウ　Tomorrow.　エ　Next Monday.

No.2　㊛：Hello?

　　　　㊚：Hello. This is Tom. Can I speak to Eita, please?

　　　　㊛：Hi, Tom. I'm sorry, he ★is out now.
　　　　　　Do you ★want him to call you later?

　　　　㊚：Thank you, but I have to go out now. ★Can I leave a
　　　　　　message?

　　　　㊛：Sure.

　　　　㊚：Tomorrow we are going to do our homework at my
　　　　　　house. ★Could you ask him to bring his math
　　　　　　notebook?
　　　　　　I have some questions to ask him.

　　　　㊛：OK, I will.

　Question：What does Tom want Eita to do?

★be out
「外出している」
★want＋人＋to ～
「（人）に～してほしい」
★Can I leave a
message?
「伝言をお願いできますか？」

★Could you ～？
「～していただけませんか？」

ア　To do Tom's homework.　㋑　To bring Eita's math notebook.
ウ　To call Tom later.　　　エ　To leave a message.

音声を聞く前に選択肢を読み比べて，質問される人や内容を考えておこう。対話が長いので，ポイントをしぼってメモをとろう。

日本語訳

解 説
Explanation

No.1　男：姉(妹)の誕生日プレゼントを買おうと思っているんだ。リサ，一緒に来てくれない？

　　　　女：いいわよ，ケン。

　　　　男：明日は空いてる？

　　　　女：ごめんね，明日は行けないわ。彼女の誕生日はいつ？

　　　　男：次の月曜日だよ。じゃあ，<u>この土曜日か日曜日はどう？</u>

　　　　女：<u>土曜日は都合がいいわ。</u>

　　　　男：ありがとう。

　　　　女：何時にどこで待ち合わせる？

　　　　男：11時に駅でどうかな？

　　　　女：ええ。じゃあそのときね。

　Question：ケンとリサはいつ彼の姉(妹)の誕生日プレゼントを買うつもりですか？

---

⑦　この土曜日。　イ　この日曜日。　ウ　明日。　エ　次の月曜日。

選択肢より，曜日に注意してメモをとろう。This Saturday.「この土曜日」の**ア**だね。

No.2　女：もしもし？

　　　　男：もしもし。トムです。英太さんをお願いできますか？

　　　　女：こんにちは，トム。ごめんね，彼は今外出しているわ。あとでかけ直すようにしましょうか？

　　　　男：ありがとうございます，でもすぐに外出しないといけないんです。伝言をお願いできますか？

　　　　女：いいわよ。

　　　　男：明日，僕の家で一緒に宿題をすることになっています。<u>数学のノートを持ってくるよう彼に頼んでいただけませんか？</u>彼にいくつか尋ねたいことがあるんです。

　　　　女：わかったわ，伝えておくわね。

　Question：トムが英太にしてほしいことは何ですか？

ア　トムの宿題をすること。　　④　数学のノートを持ってくること。
ウ　あとでトムに電話すること。　エ　伝言を残すこと。

選択肢より，英太がトムに対してすること(トムが英太にしてほしいこと)を選ぼう。トムは3回目の発言で**イ**の内容の伝言を伝えたんだね。

No.3
㊛：Hi, Mike. ★What kind of book are you reading?
㊚：Hi, Rio. It's about *ukiyoe* pictures. I learned about them last week.
㊛：I see. You can see *ukiyoe* in the city art museum now.
㊚：Really? I want to visit there.
In my country, there are some museums that have *ukiyoe*, too.
㊛：Oh, really? I ★am **surprised** to hear that.
㊚：I have been there to see *ukiyoe* once.
I want to see them in Japan, too.
㊛：I went to the city art museum last weekend.
It was very interesting. You should go there.
Question：Why was Rio surprised?

- ㋐ **Because Mike said some museums in his country had *ukiyoe*.**
- イ　Because Mike learned about *ukiyoe* last weekend.
- ウ　Because Mike went to the city art museum in Japan last weekend.
- エ　Because Mike didn't see *ukiyoe* in his country.

No.4
㊛：Hello, Hiroshi. How was your holiday?
㊚：It was great, Lisa. I went to Kenroku-en in Kanazawa. It is a beautiful Japanese garden.
㊛：How did you go there?
㊚：I took a train to Kanazawa from Toyama.
Then I wanted to take a bus from Kanazawa Station, but there were many people. So I ★decided to walk.
㊛：Oh, really? How long did it take ★from the station to Kenroku-en?
㊚：About 25 minutes. I saw many people from other countries.
㊛：I see. Kanazawa is an ★international city.
Question：Which is true?

- ア　It took about 25 minutes from Toyama to Kanazawa.
- ㋑ **Hiroshi walked from Kanazawa Station to Kenroku-en.**
- ウ　Hiroshi went to many countries during his holiday.
- エ　Hiroshi took a bus in Kanazawa.

覚えたい表現 Memory work

★What kind of 〜?
「どんな種類の〜？」

★be surprised to 〜
「〜して驚く」

★decide to 〜
「〜することに決める／決心する」
★from A to B
「AからBまで」

★international
「国際的な」

No.3　　　女：こんにちは，マイク。どんな本を読んでいるの？

　　　　　男：やあ，リオ。浮世絵についての本だよ。先週それらについ
　　　　　　　て学んだんだ。

　　　　　女：そうなの。今，市立美術館で浮世絵を見ることができるよ。

　　　　　男：本当に？そこに行きたいな。
　　　　　　　<u>僕の国にも，浮世絵のある美術館があるよ。</u>

　　　　　女：え，本当に？それを聞いて 驚いた わ。

　　　　　男：僕は一度そこに浮世絵を見に行ったことがあるよ。
　　　　　　　日本でも見たいな。

　　　　　女：先週末，市立美術館に行ったの。
　　　　　　　とても面白かったわ。あなたも行くべきよ。

　　　Question：なぜリオは驚きましたか？

㋐ **マイクが彼の国の美術館に浮世絵があると言ったから。**
イ　マイクが先週末に浮世絵について学んだから。
ウ　マイクが先週末に日本の市立美術館に行ったから。
エ　マイクが彼の国で浮世絵を見なかったから。

No.4　　　女：こんにちは，ヒロシ。休みはどうだった？

　　　　　男：すばらしかったよ，リサ。金沢の兼六園に行ったよ。
　　　　　　　美しい日本庭園だよ。

　　　　　女：そこにはどうやって行ったの？

　　　　　男：富山から金沢まで電車に乗ったよ。
　　　　　　　<u>そして金沢駅からはバスに乗りたかったけれど，とても
　　　　　　　たくさんの人がいたんだ。それで僕は歩くことにしたよ。</u>

　　　　　女：まあ，本当？駅から兼六園までどれくらい時間がかかったの？

　　　　　男：約25分だよ。外国から来たたくさんの人を見たよ。

　　　　　女：なるほど。金沢は国際都市ね。

　　　Question：どれが正しいですか？

ア　富山から金沢まで約25分かかった。
㋑ **ヒロシは金沢駅から兼六園まで歩いた。**
ウ　ヒロシは休みの間にたくさんの国に行った。
エ　ヒロシは金沢でバスに乗った。

解説

選択肢が全て
Because Mike ～ .
マイクが言ったことは
・浮世絵についての
　本を読んでいる。
・浮世絵のある美術
　館が自国にもある。
・自国の美術館に浮
　世絵を見に行った
　ことがある。
・日本でも浮世絵を
　見たい。
質問は「リサが驚い
た理由」だから，ア だ
ね。

選択肢から以下の
キーワードにしぼっ
て，音声の同様の単
語に注意しよう。
ア 25 minutes
イ walk
ウ many countries
エ bus
アはヒロシの3回目，
イ，エは2回目の発
言にあるけど，ウは
音声にはないね。ヒ
ロシは金沢駅から兼
六園まで歩いたの
で，イ だね。

← さらに詳しい解説

第4章　　語句を入れる

基本問題

> 解答　No.1　（ア）土　（イ）2時30分　（ウ）青
>
> 　　　No.2　（ア）博物館〔別解〕美術館　（イ）150　（ウ）生活〔別解〕暮ら

 放送文　

No.1　（女）：David, the festival will ★be held ₇ from Friday to Sunday , right?

　　　（男）：Yes, Kyoko. I'm going to join the dance event at the music hall ₇ ★on the second day .

　　　（女）：That's great! Can I join, too?

　　　（男）：Sure. It will start at ₄ three in the afternoon.

　　　　　　 Let's meet there ₄ 30 minutes before that .

　　　　　　 We will wear ₉ blue T-shirts when we dance.

　　　　　　 Do you have one?

　　　（女）：Yes, I do. I'll bring it.

No.2　（男）：What is this building, Kate? It looks very old.

　　　（女）：This is a ₇ museum , Eita.

　　　　　　 It was built about ₄ 150 years ago and used as a school.

　　　（男）：What can we see here?

　　　（女）：You can see how people ₉ lived ★a long time ago.

　　　　　　 ★Shall we go inside now?

　　　（男）：OK. Let's go.

覚えたい表現
Memory work

★be held
「開催される」

★on the second day 「2日目に」

★a long time ago
「昔」
★Shall we ～?
「(一緒に)～しましょうか？」

音声を聞く前に空欄を見て，どのような語句が入るか予想しよう。数を聞き取る問題は，アクセントに注意しよう。

日本語訳

No.1
(女)：デイビッド，お祭りは ア|金曜日から日曜日まで| 開催されるのよね？

(男)：そうだよ，教子。僕は ア|2日目に| 音楽ホールで行われるダンスイベントに参加する予定だよ。

(女)：いいわね！私も参加していい？

(男)：いいよ。それは午後 イ|3時| に始まるよ。
イ|30分前（＝午後2時30分）| に現地で待ち合わせしよう。
僕らはダンスをするときに ウ|青いTシャツ| を着るんだ。持っている？

(女)：ええ，持っているわ。それを持っていくね。

No.2
(男)：この建物は何だろう，ケイト？とても古そうだね。

(女)：これは ア|博物館| よ，英太。
約 イ|150| 年前に建てられて，学校として使われたの。

(男)：ここでは何を見ることができるの？

(女)：昔の人々がどのように ウ|生活していた| かを見られるわ。では中に入りましょうか？

(男)：うん。行こう。

解説
Explanation

お祭り：
|金|曜日〜|日|曜日

ダンスイベント：
|2|日目
開始時刻：午後|3|時
集合時刻：|30|分前
Tシャツの色：|青|色

ア
museum「博物館／美術館」を聞き取ろう。

イ
one hundred and fifty（＝150）
fiftyのアクセントに注意。fiftyのアクセントは前にあるよ。

ウ
how以下が間接疑問。lived「生活していた」を聞き取ろう。

- 22 -

← さらに詳しい解説

練習問題

解答　No.1 （ア）Sunday （イ）11 (in the morning)　No.2 （ア）learn （イ）Thursday

放送文 🔟

覚えたい表現
Memory work

No.1　男：Hi, Lisa. This is Mike. How's everything?

女：Great, thanks. *What's up?

★What's up?
「どうしたの？」

男：My brother is coming to Fukuoka next Friday and will stay here for three weeks.

How about going to a ramen shop together?

He has wanted to eat ramen in Fukuoka *for a long time.

★for a long time
「長い間／ずっと」

女：Oh, there's a good ramen shop near my house.

Let's go there.

男：That's great. He will be glad to hear that.

When and where shall we meet?

女：Can you come to my house at ィeleven in the morning next Saturday?

Then we can walk to the ramen shop together.

男：I'm sorry, I can't. I'm busy until three in the afternoon that day.

How about *ィthe same time next ァSunday?

★the same time
「同じ時間」
★invite 〜
「〜を招く／誘う」

女：All right. Can I *invite my friend Nancy?

男：Sure. See you then. Bye.

No.2　男：Thank you for coming to our concert today, Aya. How was it?

女：Wonderful! Everyone was great. You especially played the violin very well, James. I really enjoyed the concert.

男：I'm glad to hear that.

女：I want to play the violin, too. ァCan you teach me *how to play it?

★how to 〜
「〜する方法」

男：ァSure. ィI'm free every Thursday.

Please come to my house and we can practice together.

女：That's nice! Can I visit you next ィThursday?

男：Of course.

音声で流れない語句を答えなくてはならない場合もあるよ。そのようなときは，前後の内容から考えて語句を導き出そう。

日本語訳

No.1
男：もしもし，リサ。マイクだよ。元気？

女：元気よ。どうしたの？

男：兄（弟）が今度の金曜日に福岡に来て，３週間いるんだ。
一緒にラーメン屋に行かない？
兄（弟）がずっと福岡のラーメンを食べたいって言っててさ。

女：それなら家の近くにおいしいラーメン屋があるわよ。
そこに行こうよ。

男：やったあ。兄（弟）もそれを聞いたら喜ぶよ。
いつどこで待ち合わせをしようか？

女：今度の土曜日，ₐ午前11時 に私の家に来られる？
歩いて一緒にラーメン屋まで行けるわ。

男：ごめん，無理だ。その日は午後３時まで忙しいんだ。
今度の ₐ日曜日 の ₐ同じ時間 はどう？

女：いいわよ。友達のナンシーも誘っていい？

男：もちろんだよ。じゃあそのときね。バイバイ。

解説 Explanation

ラーメン屋に行く曜日と時間を答える問題だね。
リサ：土曜日午前11時を提案。
マイク：日曜日の同じ時間を提案。

No.2
男：今日はコンサートに来てくれてありがとう，アヤ。どうだった？

女：素敵だったわ！みんな上手だった。特にあなたはバイオリンをとても上手に演奏していたね，ジェームス。
本当にいいコンサートだったわ。

男：それを聞いてうれしいよ。

女：私もバイオリンを弾いてみたいわ。ₐ弾き方を教えてくれない？

男：ₐいいよ。ₐ毎週木曜日は時間があるよ。
僕の家においてよ，それなら一緒に練習できるよ。

女：ありがとう！次の ₐ木曜日 に行ってもいい？

男：もちろんだよ。

ア
ジェームスはアヤにバイオリンを教える
＝アヤはジェームスからバイオリンを学ぶ。learn「学ぶ」が適切だよ。音声で流れない単語を書く難問だね。practice を入れると後ろのfrom youと合わないから不適切だね。

イ
Thursday「木曜日」を聞き取ろう。

第5章	対話と質問（複数）

基本問題

> 解答　No.1　イ　　No.2　ア　　No.3　イ　　No. 4　ア

🔊 **放送文**　

男：Hello, Ms. Brown.

女：Hi, Kenji. You don't look well today. ★What happened?

男：Last week we had a basketball game.

I was ★so nervous that I couldn't play well.

No.1 イ Finally, our team lost the game.

女：Oh, I understand how you feel.

I played basketball for ten years in America.

I felt nervous during games, too.

男：Oh, did you? No.2 ア I always ★feel sorry for my friends in my team when I make mistakes in the game.

女：Kenji, I had the same feeling. When I made a mistake in the game, I ★told my friends that I was sorry.

But one of my friends said, "Don't feel sorry for us. We can ★improve by making mistakes. You can try again!"

She told me with a big smile.

Her words and smile ★encouraged me.

★Since then, I have ★kept her words in mind.

男：Thank you, Ms. Brown. I learned a very important thing from you. No.4 ア Now I believe that I can improve my basketball skills by making mistakes.

女：Great, Kenji! I'm glad to hear that. No.3 イ When is your next game?

男：Oh, No.3 イ it's in November. Please come to watch our game!

女：Sure. I'm ★looking forward to seeing it. Good luck.

男：Thank you, Ms. Brown. I'll ★do my best.

📍 **覚えたい表現**
Memory work

★What happened?
「何かあった？」

★so…that ～
「とても…なので～」

★feel sorry for ～
「～に申し訳なく思う」

★tell＋人＋that ～
「(人)に～と言う」

★improve
「上達する」

★encourage ～
「～を励ます」
★since then
「それ以来」
★keep ～ in mind
「～を心に留める」

★look forward to ～ing
「～することを楽しみにする」
★do one's best
「ベストを尽くす」

音声を聞く前に問題文や選択肢を読んでおこう。対話が長いので，集中力を切らさず，答えに関する内容を正しく聞き取ってメモしよう。

⑨：こんにちは，ブラウン先生。

㊛：あら，ケンジ。今日は元気がないわね。何かあった？

⑨：先週，バスケットボールの試合がありました。

とても緊張してうまくプレーできなかったんです。

No.1 ィ結局，僕らのチームは試合に負けてしまいました。

㊛：まあ，私はあなたの気持ちがわかるわ。

私はアメリカで10年間バスケットボールをしていたの。

私もゲーム中に緊張していたわ。

⑨：先生もですか？ No.2 ァ僕は試合でミスをしたとき，いつもチームの友達に申し訳なく思います。

㊛：ケンジ，私も同じ気持ちだったわ。試合で自分がミスをしたとき，友達に謝っていたの。

でも，友達の1人が，「申し訳なく思うことはないわ。

私たちはミスをすることで上達するの。

また挑戦すればいいのよ！」と満面の笑みで言ってくれたのよ。

彼女の言葉と笑顔に励まされたわ。

それ以来，彼女の言葉を心に留めているの。

⑨：ありがとうございます，ブラウン先生。僕は先生からとても大切なことを学びました。No.4 ァ今はミスをすることによってバスケットボールの技術を上達させられると信じています。

㊛：すごい，ケンジ！それを聞いてうれしいわ。No.3 ィ次の試合はいつ？

⑨：ああ，No.3 ィ11月にあります。僕たちの試合を見に来てください！

㊛：いいわ。試合を見るのを楽しみにしているわ。がんばってね。

⑨：ありがとうございます，ブラウン先生。ベストを尽くします。

解説
Explanation

・先週の試合でケンジのチームは負けた。

・ブラウン先生はアメリカで10年間バスケットボールをしていた。

・ケンジはミスをすると友達に申し訳ないと思う。

・ブラウン先生はミスをすると友達に謝っていた。

・しかし，ブラウン先生の友達がまた挑戦すればいいと言った。その言葉と笑顔に励まされた。

・ケンジはブラウン先生からとても大切なことを学んだ。今ではミスをすることでバスケットボールの技術が上達すると信じている。

・ケンジの次の試合は11月にある。

・ブラウン先生は試合を楽しみにしている。

・ケンジはベストを尽くすつもりだ。

練習問題

解答　No.1　イ　　No.2　イ　　No.3　エ　　No.4　エ

 放送文  12

（女）: Hi, Daiki. What will you do during the spring vacation?

（男）: My family will spend five days in Tokyo with my friend, Sam.
He is a high school student from Sydney. I met him there.

（女）: I see. No.1 イ Did you live in Sydney?

（男）: No.1 イ Yes. My father worked there when I was a child.
Sam's parents *asked my father to take care of Sam in Japan.
No.2 イ He will come to my house in Osaka next week.

（女）: Has he ever visited Japan?

（男）: No, he hasn't. I haven't seen him for a long time, but we
often send e-mails to *each other.

（女）: How long will he stay in Japan?

（男）: For ten days. No.3 エ Have you ever been to Tokyo, Cathy?

（女）: No.3 エ No, but I'll visit there this May with my friend, Kate.
She lives in America. Do you often go to Tokyo?

（男）: Yes. My grandmother lives there.
We will visit the zoo and the museum with her.
We will also go shopping together.

（女）: *That sounds good. Sam will be very glad.

（男）: I hope so. Well, I sent him a book about Tokyo which has
*a lot of beautiful pictures.

（女）: Cool. I also want to give a book like that to Kate because
No.4 エ she likes taking pictures of beautiful places.
*Actually, she has been to many foreign countries to take
pictures.

（男）: That's interesting. I like taking pictures, too.
So I want to see the pictures she took in other countries.

（女）: OK. I'll tell her about that.

（男）: Thank you.

Question No.1 : Where did Daiki live when he was a child?

Question No.2 : Who will come to Daiki's house next week?

Question No.3 : Has Cathy visited Tokyo before?

Question No.4 : What does Kate like to do?

覚えたい表現
Memory work

★ask＋人＋to～
「（人）に～するよう
に頼む」

★each other
「お互いに」

★That sounds
good.
「それはいいね」
★a lot of ～
「たくさんの～」

★actually
「実際に／実は」

ダイキとキャシーの対話。ダイキの友達のサムと，キャシーの友達のケイトも出てくるよ。
音声を聞きながら，誰が何をしたかをメモしよう。

日本語訳

女：こんにちは，ダイキ。春休みは何をするの？

男：家族で，友達のサムと一緒に東京に5日間滞在するよ。サムはシドニー出身の高校生だよ。僕はシドニーで彼と知り合ったんだ。

女：そうなんだ。 No.1 ィ あなたはシドニーに住んでいたの？

男：No.1 ィ そうだよ。僕が子どものころ，父がシドニーで働いていたんだ。サムの両親が，日本に行くサムの面倒を見てくれるよう父に頼んだんだよ。

　　No.2 ィ サムは来週，大阪の我が家に来るよ。

女：彼は日本に来たことがあるの？

男：ないよ。僕も長いこと彼に会っていないんだ，でもお互いによくメールを送り合っているよ。

女：彼は日本にどのくらい滞在するの？

男：10日間だよ。 No.3 ェ キャシーは東京に行ったことある？

女：No.3 ェ いいえ，でも友達のケイトと，今年の5月に行くつもりよ。彼女はアメリカに住んでいるわ。あなたはよく東京に行くの？

男：うん。祖母が住んでいるんだ。
　　僕たちは，祖母と一緒に動物園と博物館に行く予定だよ。
　　それから一緒に買い物にも行くつもりなんだ。

女：それはいいわね。サムはとても喜ぶと思うわ。

男：そうだといいな。そういえば，僕はサムに，素敵な写真がたくさん載っている東京に関する本を送ったんだ。

女：いいわね。私もそういう本をケイトに送りたいわ，No.4 ェ 彼女は美しい場所の写真を撮るのが好きだから。
　　実は，彼女は写真を撮るためにたくさん外国に行っているのよ。

男：それは興味深いな。僕も写真を撮るのが好きだよ。
　　だから彼女が外国で撮った写真を見たいな。

女：わかった。彼女にそう伝えておくわ。

男：ありがとう。

Question No.1：ダイキは子どものころ，どこに住んでいましたか？

Question No.2：来週，誰がダイキの家に来ますか？

Question No.3：キャシーは以前，東京に行ったことがありますか？

Question No.4：ケイトは何をするのが好きですか？

解 説
Explanation

No.1
ダイキについての質問だね。ダイキは幼少期にシドニーに住んでいたと言っているね。

No.2
ダイキの家に来るのは，ダイキの友達のサムだね。

No.3
キャシーは，東京に行く予定はあるけれど，まだ行ったことはないと言っているね。Has Cathy 〜？と聞かれたから，No, she hasn't. と答えよう。

No.4
キャシーが友達のケイトの好きなことを紹介しているね。

－ 28 －

第6章　　　　英文と質問（複数）

基本問題

解答　No.1　ア　　No.2　エ　　No.3　ウ

 放送文　

Today is the last day before summer vacation.

From tomorrow, you'll have twenty-five days of vacation and I'll give you some homework to do.

For your homework, you must write a report about the problems in the *environment and you must use *more than one hundred English words.

We've *finished reading the textbook about the problems in the environment.

So, No.1 ア in your report, you must write about *one of the problems in the textbook that is interesting to you.

*The textbook says that there are many kinds of problems like water problems or fires in the mountains.

No.2 エ The textbook also says that everyone in the world must continue thinking about *protecting the environment from these problems.

If you want to know more about it, use the Internet or books in the city library.

No.3 ウ Please give me your report at the next class.

I hope you enjoy this homework and have a good vacation.

> **覚えたい表現**
> Memory work

★environment
「環境」
★more than ～
「～以上」
★finish ～ ing
「～し終える」

★one of ～
「～の１つ」

★the textbook says
(that)～「教科書に
は～と書いてある」

★protect A from B
「BからAを守る」

音声を聞く前に，問題文，質問，選択肢の内容から，聞き取るべきキーワードをイメージできたかな？それらのキーワードに関連する部分を中心にメモをとろう。

今日は夏休み前の最終日です。

明日からみなさんは25日間の休暇に入るので，宿題を出します。

みなさんは宿題として，環境問題についてのレポートを書いてください，なお，英単語を100語以上使わなければいけません。

私たちは環境問題についての教科書を読み終えました。

ですからNo.1 ァレポートでは，教科書の中で自分の興味がある問題の1つについて書いてください。

教科書には，水問題や山火事のような，多くの種類の問題があると書いてあります。

No.2 ェまた，教科書には，世界中の誰もが，これらの問題から環境を守ることを考え続けなければいけない，とも書いてあります。

もっと詳しく知りたい人は，インターネットや市立図書館にある本を利用してください。

No.3 ゥレポートは，次の授業で私に提出してください。

みなさんがこの宿題を楽しみ，良い休暇を過ごすことを願っています。

解 説
Explanation

・夏休み 前の
最終日。明日から
25日間の休みに入る。

・環境 問題について
のレポートを書く。
英単語を100語以
上使う。

・環境問題について
の 教科書 を読み終
えた。

・教科書 の中で 興味
がある問題を選ぶ。

・教科書 には 世界中
の誰もが環境を
守ること について
考え続けなければ
ならないと書いて
ある。

・詳しく知りたい人
は インターネット
や 市立図書館 の本
を利用する。

・次の授業 でレポー
トを提出する。

練習問題

解答　No.1　イ　　No.2　エ　　No.3　ウ　　No.4　イ

Today, I'll tell you about my grandmother's birthday party.

Before her birthday, I talked about a birthday present for her with my father and mother.

My father said, "Let's go to a cake shop and buy a birthday cake."

No.1 イ My mother said, "That's a good idea. I know a good cake shop." But when I saw my bag, I had another idea. I said, "No.2 エ My grandmother made this bag *as my birthday present last year, so I want to make a cake for her."

★as ～「～として」

They agreed.

No.3 ウ On her birthday, I started making the cake at nine in the morning. My father and mother helped me because that was *my first time. I finished making it at one in the afternoon.

★my first time 「（私にとって）初めてのこと」

We visited my grandmother at six and started the party for her.

First, we enjoyed a special dinner with her.

After that, I showed her the cake.

When she saw it, she said, "Wow, did you make it? I'm so happy. Thank you, Kyoko."

I *was happy to hear that.

★be happy to ～ 「～してうれしい」

No.4 イ Then we *sang a birthday song for her and ate the cake with her. I'll never forget that wonderful day.

★sang sing「歌う」の過去形

Question No.1：Who knew a good cake shop?

Question No.2：Why did Kyoko want to make a cake for her grandmother?

Question No.3：*How many hours did Kyoko need to make the cake?

★How many hours ～? 「何時間～?」

Question No.4：What did Kyoko do at her grandmother's birthday party?

選択肢から，No.1は人物，No.2は理由，No.3は時間，No.4は行動についての質問だと推測できるね。関連部分の音声に注意しながら聞き取ってメモをし，質問にそなえよう。

日本語訳

 解説 Explanation

今日は，私の祖母の誕生日パーティーについて話そうと思います。

誕生日の前に，私は，祖母にあげる誕生日プレゼントについて両親と話しました。

父は，「ケーキ屋に行って誕生日ケーキを買おう」と言いました。

No.1 ィ母は，「いい考えね。私はおいしいケーキ屋を知っているわ」と言いました。しかし私は，自分のバッグを見て別の考えが浮かびました。

「No.2 ェおばあちゃんは去年，私の誕生日プレゼントとしてこのバッグを作ってくれたの。だから私はケーキを作りたいわ」と私は言いました。両親も賛成してくれました。

No.3 ゥ誕生日当日，私は午前9時からケーキを作り始めました。ケーキ作りは初めてのことだったので，両親が手伝ってくれました。私は午後1時にケーキを作り終えました。

私たちは6時に祖母の家に行き，パーティーを始めました。

まず，一緒にごちそうを楽しみました。

その後，私は祖母にケーキを見せました。

それを見ると，祖母は，「まあ，自分で作ったの？とってもうれしいわ。ありがとう，教子」と言いました。

私はそれを聞いてうれしくなりました。

No.4 ィそれから私たちは，祖母のために誕生日の歌を歌って，一緒にケーキを食べました。私はあの素晴らしい日を決して忘れません。

Question No.1：おいしいケーキ屋を知っていたのは誰ですか？

Question No.2：教子はなぜ祖母にケーキを作ってあげたかったのですか？

Question No.3：教子はケーキを作るのに何時間かかりましたか？

Question No.4：教子は祖母の誕生日パーティーで何をしましたか？

No.1
おいしいケーキ屋を知っていた人は，ケーキを買おうと言ったお父さんではないよ。教子のお母さんだね。

No.2
おばあちゃんがバッグを作ってくれたから，自分も手作りのものをあげたいと思ったんだね。

No.3
午前9時から午後1時までだから，4時間だね。

No.4
教子が話したのは，イの「祖母のために両親と誕生日の歌を歌った」だね。

第7章　　　　　　　作　文

基本問題

> 解答　No.1　（例文）We can give her some flowers.
>
> 　　　No.2　（例文）I can play soccer with him. It's bcause I can talk with him in Japanese while we are playing soccer.

 放送文

No.1　囡：Hi, John. Do you know our classmate Eiko will leave

Tokyo and live in Osaka from next month?

We have to ★say goodbye to her soon.

男：Really, Kyoko? I didn't know that. I'm very sad.

囡：Me, too. Well, let's do something for Eiko.

What can we do?

男：（　　　　）

No.2　Hello, everyone.

Next week a student from Australia will come to our

class and study with us for a month.

His name is Bob.

He wants to enjoy his stay.

He likes sports very much and wants to learn Japanese.

Please tell me what you can do for him and why.

覚えたい表現
Memory work

★say goodbye to 〜
「〜にさよならを言う」

No.1では引っ越すクラスメートに，No.2ではオーストラリアからの留学生に対してできることを英文で書くよ。間違えずに書ける単語や表現を使って短くまとめよう。

日本語訳

No.1 ㊛：こんにちは，ジョン。クラスメートのエイコが東京を去り，
来月から大阪に住むことになったって知ってる？
もうすぐさよならを言わなければならないわ。

㊚：本当に，教子？それは知らなかったよ。とても悲しいね。

㊛：私もよ。エイコのために何かしましょう。
何ができるかしら？

㊚：（　　　）

No.2 みなさん，こんにちは。
来週，オーストラリアから１人の留学生がこのクラスに来て，
一緒に１か月間勉強する予定です。
彼の名前はボブです。
彼はこの滞在を楽しみたいと思っています。
彼はスポーツが大好きで，日本語を学びたいと思っています。
あなたが彼のためにできることと，その理由を教えてください。

解 説 Explanation

No.1
東京から大阪へ引っ越すクラスメートにしてあげられることを書こう。
（例文の訳）
「花束をあげることができるね」
「(人)に(もの)をあげる」=give＋人＋もの

No.2
スポーツが大好きで日本語を学びたい留学生のためにできることと，その理由を書こう。
（例文の訳）
「僕は彼と一緒にサッカーをすることができます。サッカーをしながら，彼と日本語で話をすることができるからです」

練習問題

解答 No.1 ウ No.2 They should tell a teacher.

No.3 （例文）I want to go to America because there are a lot of places to visit.

*Welcome to our school. I am Lucy, a second-year student of this school. We are going to show you around our school today. Our school was built in 2019, so it's still new.

Now we are in the gym.

We will start with the library, and I will *show you how to use it. Then we will look at classrooms and the music room, and ₙₒ.₁ ウwe will finish at the lunch room. There, you will meet other students and teachers.

After that, we are going to have *a welcome party.

There is something more I want to tell you.

We took a group picture *in front of our school.

ₙₒ.₂If you want one, you should tell a teacher tomorrow.

Do you have any questions?

Now let's start.

Please come with me.

Question No.1：Where will the Japanese students meet other students and teachers?

Question No.2：If the Japanese students want a picture, what should they do tomorrow?

Question No.3：If you study abroad, what country do you want to go to and why?

覚えたい表現 Memory work

★Welcome to ～ .
「～へようこそ」

★show＋人＋もの
「（人）に（もの）を見せる」

★a welcome party「歓迎会」

★in front of ～
「～の前で」

「…ので〜したい」＝I want to 〜 because …. は英作文でよく使う形なので覚えておこう。

日本語訳

解 説
Explanation

私たちの学校へようこそ。私はルーシー，この学校の2年生です。

今日はみなさんに学校を案内します。

私たちの学校は2019年に建てられました，ですからまだ新しいですね。

私たちは今，体育館にいます。

まず図書館から始めましょう，その使い方を教えます。

それから，教室と音楽室を見て，No.1 ゥ最後に食堂を見ます。そこで，みなさんは他の生徒や先生と対面することになっています。

その後，歓迎会をする予定です。

みなさんにお伝えしたいことがもう少しあります。

校舎の前でグループ写真を撮りましたね。

No.2その写真が欲しい人は，明日先生に申し出てください。

何か質問はありますか？

では行きましょう。

私についてきてください。

Question No.1：日本の生徒はどこで他の生徒や先生と会いますか？

Question No.2：日本の生徒は写真が欲しい場合，明日何をすべきですか？

Question No.3：もしあなたが留学するなら，どの国に行きたいですか，

そしてそれはなぜですか？

No.1
他の生徒や先生と対面する場所は食堂＝the lunch roomだから，**ウ**だね。

No.2
Ifで始まる文の後半の内容を答えればいいね。

No.3
したいこととその理由を答えるときは，I want to 〜 because …. の形を使おう。
（例文の訳）
「訪れるたくさんの場所があるので，私はアメリカに行きたいです」

P3	What do you want to do in the future?	あなたは将来何をしたいですか？
	by bike	自転車で
	Can you ～?	～してくれませんか？
	Can I ～?	～してもいいですか？
	look at ～	～を見る
	have to ～	～しなければならない
P5	What's the matter?	どうしたの？
	last night	昨夜
	go to bed	寝る
	get up	起きる
	for ～（期間を表す言葉）	～の間
	stop ～ing	～することをやめる
	How about ～?	～はどうですか？
	Thank you for ～ing.	～してくれてありがとう
	for ～（対象を表す言葉）	～のために
P7	What time shall we meet?	何時に待ち合わせる？
	the ＋最上級＋ in ＋○○	○○の中で最も…
	no ＋人	（人）が1人も～ない
	I've never ～.	私は一度も～したことがない
	keep ＋人／もの＋状態	（人／もの）を（状態）に保つ
P9	school festival	学園祭
	look ～	～のように見える
	next to ～	～のとなりに
	I hear（that）～.	～だそうだ
	be good at ～ing	～することが得意だ
	be glad to ～	～してうれしい
	over ～	～以上
	make a speech	スピーチをする
	the number of ～	～の数
	keep ～ing	～し続ける
	go up	増加する
	go down	減少する
P11	Have you ever been to ～?	～に行ったことがありますか？
	May I help you?	お手伝いしましょうか？／いらっしゃいませ
	look for ～	～を探す
	What are you going to do?	何をするつもりですか？
	go fishing	釣りに行く
	May I speak to ～?	（電話で）～さんをお願いできますか？
P13	You have the wrong number.	番号が違っています
	I've just ＋過去分詞.	ちょうど～したところだ
	be famous for ～	～で有名である
	How long does it take to ～?	～するのにどれくらい時間がかかりますか？
	There is no ～.	～がない
P15	be ready	準備ができている
	tell ＋人＋ to ～	（人）に～するように言う
	Would you like some more?	もう少しいかが？
	How much ～?	～はいくらですか？

P17	Are you free?	(時間)が空いている？
	be out	外出している
	want ＋人＋ to ～	(人)に～してほしい
	Can I leave a message?	伝言をお願いできますか？
	Could you ～ ?	～していただけませんか？
P19	What kind of ～ ?	どんな種類の～？
	be surprised to ～	～して驚く
	decide to ～	～することに決める／決心する
	from A to B	AからBまで
	international	国際的な
P21	be held	開催される
	on the second day	2日目に
	a long time ago	昔
	Shall we ～ ?	(一緒に)～しましょうか？
P23	What's up?	どうしたの？
	for a long time	長い間／ずっと
	the same time	同じ時間
	invite ～	～を招く／誘う
	how to ～	～する方法
P25	What happened?	何かあった？
	so…that ～	とても…なので～
	feel sorry for ～	～に申し訳なく思う
	tell ＋人＋ that ～	(人)に～と言う
	improve	上達する
	encourage ～	～を励ます
	since then	それ以来
	keep ～ in mind	～を心に留める
	look forward to ～ ing	～することを楽しみにする
	do one's best	ベストを尽くす
P27	ask ＋人＋ to ～	(人)に～するように頼む
	each other	お互いに
	That sounds good.	それはいいね
	a lot of ～	たくさんの～
	actually	実際に／実は
P29	environment	環境
	more than ～	～以上
	finish ～ ing	～し終える
	one of ～	～の1つ
	the textbook says (that) ～	教科書には～と書いてある
	protect A from B	BからAを守る
P31	as ～	～として
	my first time	(私にとって)初めてのこと
	be happy to ～	～してうれしい
	sang	sing「歌う」の過去形
	How many hours ～ ?	何時間～？
P33	say goodbye to ～	～にさよならを言う
P35	Welcome to ～ .	～へようこそ
	show ＋人＋もの	(人)に(もの)を見せる
	a welcome party	歓迎会
	in front of ～	～の前で

聞き違いをしやすい表現
Easy to mistake

1　聞き違いをしやすい数

サーティーン　　　　　　サーティ
thirteen「13」と thirty「30」

 アクセントの位置に着目

後　　　　　　前
thirteen「13」と thirty「30」

フォーティーン	フォーティ	フィフティーン	フィフティ
fourteen「14」と forty「40」		fifteen「15」と fifty「50」	
シックスティーン	シックスティ	セブンティーン	セブンティ
sixteen「16」と sixty「60」		seventeen「17」と seventy「70」	
エイティーン	エイティ	ナインティーン	ナインティ
eighteen「18」と eighty「80」		nineteen「19」と ninety「90」	

2　聞き違いをしやすい英語

キャン　　　　　　キャン(ト)
can「できる」と can't「できない」

 次の単語との間に着目

間がない　　　間がある
can　〜　　　can't　〜

ウォント	ワントゥ	フェアー	フェン
won't「しないつもり」と want to「したい」		where「どこ?」と when「いつ?」	

3　同じ発音で違う意味の英語

ワン　　　　　　　ワン
won「勝った」と one「1」

 単語の位置や文の意味で判断

「アイ ワン ザ プライズ」だったら
→ I won the prize.
私は賞を勝ち取りました

「アイ チョゥズ ワン」だったら
→ I chose one.
私は1つを選びました

レッド	レッド
red「赤」と read「読んだ」	

4　セットで読まれる英語

ゼァリズ
There is

 連語表現の発音に慣れよう

「ゼアー」と「イズ」を続けて読むと「ゼァリズ」
There　　　is

ゲラップ	ピカップ	オブニット	シェイキット	トーカバウト	ハフトゥ
get up	pick up	open it	shake it	talk about	have to
ワノブ	ウォンチュー	ミーチュー	ディジュー	ミシュー	
one of	want you	meet you	Did you	miss you	

高校入試対策

英語リスニング練習問題

基本問題集

contents

※**解答集は別冊です**

はじめに

　グローバル化が急速に進展する中で，外国語によるコミュニケーション能力は，一部の業種や職種だけでなく，今後の生活の様々な場面で必要になってきます。

　学習指導要領では，小・中・高等学校での一貫した外国語教育を通して，外国語による「聞くこと」，「読むこと」，「話すこと」，「書くこと」の４つの技能を習得し，簡単な情報や考えなどを理解したり伝えあったりするコミュニケーション能力を身につけることを目標としています。

　これを受けて，高校入試の英語リスニング問題は，公立高校をはじめ私立高校においても，問題数の増加や配点の上昇が顕著になってきています。

　本書は，全国の高校入試の英語リスニングでよく出題されるパターンを，７つの章に分類し，徹底的に練習できるようになっています。リスニングの出題形式に慣れるとともに，解き方，答え合わせや復習のしかたがよく分かるようになるので，限られた時間の中で効率よく学習ができます。

　高校入試の英語リスニング問題は，基礎的な単語や文法が中心で，長文読解問題に比べればそれほど複雑な内容ではありません。聴き取れれば解ける問題ばかりです。

　本書で，やさしい問題から入試レベルの問題までを繰り返し練習し，入試本番の得点力を身につけてください。

この問題集の特長と使い方

１．準備をする！

　高校入試では一斉リスニングの場合がほとんどです。できればイヤホン（ヘッドホン）を使わずに，CD プレイヤーやスピーカーを準備しよう。

　問題は，章ごとに「基本問題」と「練習問題」があります。「基本問題」に取りかかる前に，「🖐ポイント」を読んでおこう。ヒント や メモ，⚠ミスに注意 にも，あらかじめ目を通しておこう。

２．問題に取り組む！

　準備ができたら，集中して音声を聴こう。間違えてもいいので必ず答えを書くことを心がけよう。

３．解答だけを確認する！

　ひとつの問題を解き終えたら，解答集ですぐに答え合わせをしよう。このとき，まだ放送文や日本語訳は見ないでおこう。解答だけを確認したら，もう一度音声を聴こう。正解した問題は聴き取れたところを，間違えてしまった問題は聴き取れなかったところを，意識しながら聴いてみよう。

４．放送文を確認する！

　今度は，解答集の放送文（英文）を目で追いながら音声を聴いてみよう。このとき，キーワードやキーセンテンス（カギとなる重要な文）を確実に聴き取れるまで何度も繰り返し聴いてみよう。途中で分からなくなったら最初から聴き直そう。

５．覚えたい表現やアドバイスを確認する！

解答集では，英語リスニング問題でよく出る「覚えたい表現」や，同じパターンの問題を解くときのコツなどをアドバイスしています。よく読んでおこう。

６．日本語訳を確認する！

解答集は，放送文と日本語訳が見開きのページに載っているので，照らし合わせながら確認しよう。内容を正しく理解できているか，会話表現の独特な言い回しをきちんと把握できているかを確認しよう。知らなかった単語や表現はここでしっかりと覚えておこう。

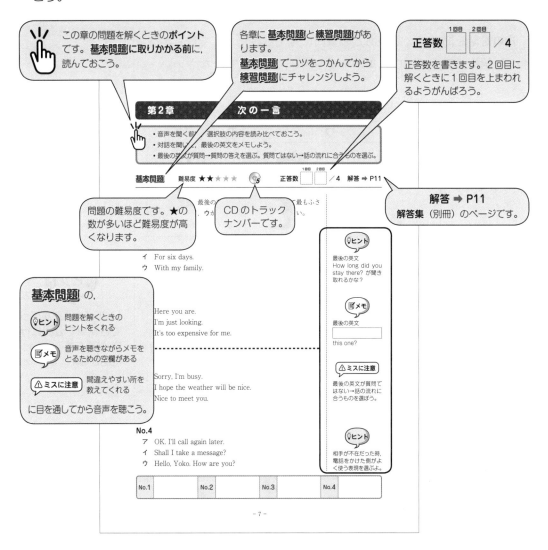

この章の問題を解くときの**ポイント**です。**基本問題**に取りかかる前に，読んでおこう。

各章に**基本問題**と**練習問題**があります。**基本問題**でコツをつかんでから**練習問題**にチャレンジしよう。

正答数を書きます。２回目に解くときに１回目を上まわれるようがんばろう。

第２章　　　　　次の一言

- 音声を聞く前に，選択肢の内容を読み比べておこう。
- 対話を聞いて，最後の英文をメモしよう。
- 最後の英文が質問→質問の答えを選ぶ。質問ではない→話の流れに合うものを選ぶ。

問題の難易度です。★の数が多いほど難易度が高くなります。

CDのトラックナンバーです。

解答 ➡ P11
解答集（別冊）のページです。

イ　For six days.
ウ　With my family.

基本問題 の，

🔍ヒント　問題を解くときのヒントをくれる

✎メモ　音声を聴きながらメモをとるための空欄がある

⚠ミスに注意　間違えやすい所を教えてくれる

に目を通してから音声を聴こう。

🔍ヒント
最後の英文
How long did you stay there? が聞き取れるかな？

✎メモ
最後の英文
＿＿＿＿＿＿
this one?

⚠ミスに注意
最後の英文が質問ではない→話の流れに合うものを選ぼう。

🔍ヒント
相手が不在だった時，電話をかけた側がよく使う表現を選ぶよ。

Here you are.
I'm just looking.
It's too expensive for me.

Sorry, I'm busy.
I hope the weather will be nice.
Nice to meet you.

No.4
ア　OK. I'll call again later.
イ　Shall I take a message?
ウ　Hello, Yoko. How are you?

No.1		No.2		No.3		No.4	

－ 7 －

🔊 **音声の聴き方**

CDで音声を聴くことができます。CD以外でも，教英出版ウェブサイトでID番号を入力して音声を聴くことができます。ID番号を入力して音声を聴く方法は，都道府県版（別冊）の１ページをご覧ください。

- 音声を聞く前に選択肢の絵やグラフを見比べておこう。
- 絵やグラフを見比べたら，どんな英文が流れるか予想してみよう。
- 音声を聞きながら，答えに関係しそうな内容をメモしよう。

基本問題A　難易度 ★★★★★　　正答数 | 1回目 | 2回目 | ／3　解答 ➡ P 3

　次の対話を聞いて，そのあとの質問に対する答えとして最もふさわしい絵を，ア，イ，ウ，エから1つ選び，記号を書きなさい。

No.1

ア　　　　　　　イ　　　　　　　ウ　　　　　　　エ

職業を選ぶ問題かな？

No.2

ア　　　　　　　イ　　　　　　　ウ　　　　　　　エ

「ヘルメットをかぶって自転車で公園に行き，野球をする」といった話かな？

No.3

ア　　　　　　　イ　　　　　　　ウ　　　　　　　エ

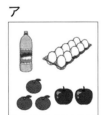  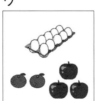 

卵

みかん [　] 個

りんご [　] 個

ジュース

No.1		No.2		No.3	

次の英文や対話を聞いて，そのあとの質問に対する答えとして最もふさわしい絵を，**ア，イ，ウ，エ**から1つ選び，記号を書きなさい。

No.1

ア　　　　イ　　　　ウ　　　　エ

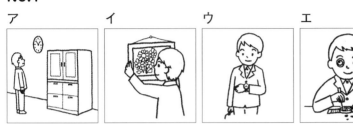

腕時計＝watch
掛け時計／置き時計
＝clock

No.2

ア　　　　イ　　　　ウ　　　　エ

天気: 雨／雪
移動手段:
徒歩／自転車
どっちかな？

No.3

ア　　　　イ　　　　ウ　　　　エ

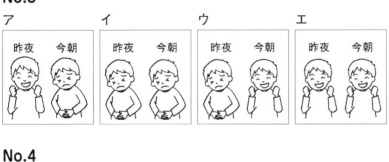

昨夜 [　　　　]。

今朝 [　　　　]。

No.4

ア　　　　イ　　　　ウ　　　　エ

⚠ ミスに注意

AMは午前，PMは午後だね。寝た時刻？起きた時刻？

No.1		No.2		No.3		No.4	

次の対話を聞いて，そのあとの質問に対する答えとして最もふさわしい絵やグラフを，ア，イ，ウ，エから1つ選び，記号を書きなさい。

No.1

No.2

No.3

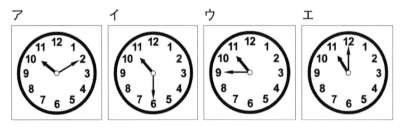

No.4 「球技大会で何をやりたいか？」〜クラス別 アンケート結果〜

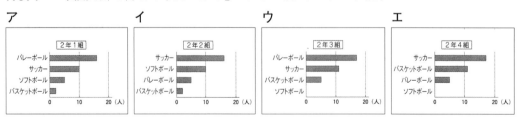

No.1		No.2		No.3		No.4	

次の対話や英文を聞いて，そのあとの質問に対する答えとして最もふさわしい絵やグラフを，ア，イ，ウ，エから1つ選び，記号を書きなさい。

No.1

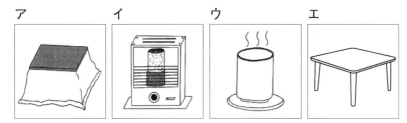

No.2

No.3

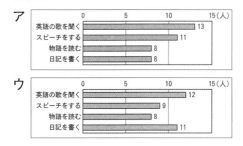

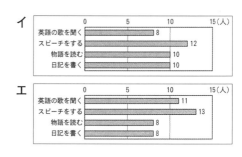

No.4

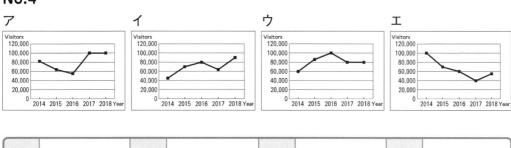

| No.1 | | No.2 | | No.3 | | No.4 | |

第2章　　　　　次 の 一 言

- 音声を聞く前に，選択肢の内容を読み比べておこう。
- 対話を聞いて，最後の英文をメモしよう。
- 最後の英文が質問→質問の答えを選ぶ。質問ではない→話の流れに合うものを選ぶ。

基本問題　難易度 ★★★★★　　正答数 □ □ ／ 4　解答 ➡ P11

1回目　2回目

　次の対話を聞いて，最後の英文に対する受け答えとして最もふさわしいものを，**ア，イ，ウ**から1つ選び，記号を書きなさい。

No.1

ア　By plane.

イ　For six days.

ウ　With my family.

No.2

ア　Here you are.

イ　I'm just looking.

ウ　It's too expensive for me.

No.3

ア　Sorry, I'm busy.

イ　I hope the weather will be nice.

ウ　Nice to meet you.

No.4

ア　OK. I'll call again later.

イ　Shall I take a message?

ウ　Hello, Yoko. How are you?

最後の英文
How long did you stay there? が聞き取れるかな？

最後の英文

this one?

最後の英文が質問ではない→話の流れに合うものを選ぼう。

相手が不在だった時，電話をかけた側がよく使う表現を選ぶよ。

No.1		No.2		No.3		No.4	

次の対話を聞いて，最後の英文に対する受け答えとして最もふさわしいものを，ア，イ，ウ，エから1つ選び，記号を書きなさい。

No.1

ア　I don't know your phone number.

イ　I see. Do you want to leave a message?

ウ　Can you ask him to call me?

エ　I'm so sorry.

No.2

ア　Sorry. I haven't washed the tomatoes yet.

イ　I don't think so. Please help me.

ウ　Thanks. Please cut these carrots.

エ　All right. I can't help you.

No.3

ア　Ten o'clock in the morning.

イ　Only a few minutes.

ウ　Four days a week.

エ　Every Saturday.

No.4

ア　Sure. I'll do it now.

イ　No. I've never sent him a letter.

ウ　Yes. You found my name on it.

エ　Of course. I finished my homework.

No.1		No.2		No.3		No.4	

- 音声を聞く前に，選択肢の内容を読み比べておこう。
- 対話を聞いて，人物の名前や行動などをメモしよう。
- 質問を聞いて，誰の何についての質問かメモしよう。

基本問題　難易度 ★★★★★ 　　正答数 □ □ ／3　解答 ➡ P15

1回目　2回目

次の対話や英文を聞いて，そのあとの質問に対する答えとして最もふさわしいものを，**ア，イ，ウ，エ**から1つ選び，記号を書きなさい。

No.1

ア　She is going to do Mike's homework with her husband.

イ　She is going to cook dinner in the dining room.

ウ　She is going to go to the dining room with Mike.

エ　She is going to eat dinner with her husband and Mike.

メモ

マイク：□が終わった。おなかが□。□を呼びに行く。

母親：□の準備ができた。

No.2

ア　Yes, please. I want more.

イ　Help yourself, Lisa.

ウ　I'm sorry. I can't cook well.

エ　Of course. You can take it.

ヒント

対話の最後のリサの勧めに対する答えを選ぶよ。

No.3

ア　They are in the nurse's office.

イ　They are in the library.

ウ　They are at a stationery shop.

エ　They are at a birthday party.

ヒント

選択肢のThey areは共通だね。場所を選ぶ問題だよ。

No.1		No.2		No.3	

次の対話を聞いて，そのあとの質問に対する答えとして最もふさわしいものを，ア，イ，ウ，エから１つ選び，記号を書きなさい。

No.1

ア　This Saturday.

イ　This Sunday.

ウ　Tomorrow.

エ　Next Monday.

No.2

ア　To do Tom's homework.

イ　To bring Eita's math notebook.

ウ　To call Tom later.

エ　To leave a message.

No.3

ア　Because Mike said some museums in his country had *ukiyoe*.

イ　Because Mike learned about *ukiyoe* last weekend.

ウ　Because Mike went to the city art museum in Japan last weekend.

エ　Because Mike didn't see *ukiyoe* in his country.

No.4

ア　It took about 25 minutes from Toyama to Kanazawa.

イ　Hiroshi walked from Kanazawa Station to Kenroku-en.

ウ　Hiroshi went to many countries during his holiday.

エ　Hiroshi took a bus in Kanazawa.

No.1		No.2		No.3		No.4	

第4章　　語句を入れる

- 音声を聞く前に空欄を見て，聞き取る内容をしぼろう。
- fifteen「15」とfifty「50」などを聞き分けるために，数はアクセントに注意しよう。
- Tuesday「火曜日」とThursday「木曜日」の違いなど，曜日を正しく聞き取ろう。

基本問題　難易度 ★★☆☆☆　⑨　正答数 □□ ／6　解答 ➡ P21

1回目　2回目

No.1　デイビッドと教子の対話を聞いて，【教子のメモ】のア，イ，ウにあてはまる言葉を日本語または数字で書きなさい。

【教子のメモ】

```
お祭りのダンスイベント
・（　ア　）曜日に行われる。
・集合時刻は午後（　イ　）。
・集合場所は音楽ホール。
・Ｔシャツの色は（　ウ　）色。
```

🗒メモ

お祭り:
□ 曜日〜 □ 曜日
ダンスイベント:
□ 日目
開始時刻: 午後 □ 時
集合時刻: □ 分前
Ｔシャツの色: □ 色

No.2　ケイトと英太の対話を聞いて，【英太のメモ】のア，イ，ウにあてはまる言葉を日本語または数字で書きなさい。

【英太のメモ】

```
・古い建物は（　ア　）である。
・約（　イ　）年前に建てられ，学校として使われていた。
・昔の人々がどのように（　ウ　）していたかを見ることができる。
```

⚠️ ミスに注意

アクセントに注意して数を聞き取ろう。

No.1	ア		イ		ウ	
No.2	ア		イ		ウ	

No.1 マイクとリサの対話を聞いて，対話のあとに【リサがナンシーの留守番電話に残したメッセージ】の**ア，イ**にあてはまる言葉を英語または数字で書きなさい。

【リサがナンシーの留守番電話に残したメッセージ】

> Hi, Nancy.　This is Lisa.
> Mike's brother is going to stay in Fukuoka for three weeks.
> So Mike and I have decided to take him to a ramen shop next （　ア　）.
> They will come to my house at （　イ　）, and we will walk to the shop.
> If you want to join us, please tell me.

No.2 ジェームスとアヤの対話を聞いて，対話のあとに【アヤがジェームスに送ったメール】の**ア，イ**にあてはまる言葉を英語で書きなさい。

【アヤがジェームスに送ったメール】

> Hi, James.
> I enjoyed the concert today.
> I am happy because I can （　ア　） how to play the violin from you.
> I will see you at your house on （　イ　）.

No.1	ア		イ	
No.2	ア		イ	

第5章　　　対話と質問（複数）

- 音声を聞く前に，問題文をよく読み，登場人物の名前や立場を把握しよう。
- 音声を聞く前に，選択肢（と質問）から聞き取る内容をしぼろう。
- 音声を聞きながら，「誰が何をした」に関する内容をメモしよう。

基本問題　難易度 ★★★☆☆　◎**11**　　正答数 1回目□ 2回目□ ／4　解答 ➡ P25

ALTのブラウン先生とケンジの対話を聞いて，次の質問に対する答えとして最もふさわしいものを，**ア**，**イ**，**ウ**から1つ選び，記号を書きなさい。

No.1 What happened to Kenji's basketball team last week?
- ア　His team won the game.
- イ　His team lost the game.
- ウ　His team became stronger by practicing hard.

No.2 How does Kenji feel when he makes mistakes in the basketball game?
- ア　He always feels sorry for his friends in his team.
- イ　He doesn't understand how he feels.
- ウ　He is encouraged by making mistakes.

No.3 When will Kenji have his next game?
- ア　He will have it in December.
- イ　He will have it in November.
- ウ　He will have it in October.

No.4 Which is true?
- ア　Kenji learned that he could improve his basketball skills by making mistakes.
- イ　Kenji was encouraged by his friend's words and smile.
- ウ　Kenji has played basketball for ten years in America.

📝**メモ**

- 先週の試合でケンジのチームは□た。
- ブラウン先生は□で□年間バスケットボールをしていた。
- ケンジはミスをすると□に□と思う。
- ブラウン先生はミスをすると□に□いた。
- しかし，ブラウン先生の友達がまた□□すればいいと言った。その□と□に励まされた。
- ケンジはブラウン先生からとても□なことを学んだ。今ではミスをすることで□の技術が□すると信じている。
- ケンジの次の□は□月にある。
- ブラウン先生は□□を楽しみにしている。
- ケンジは□□つもりだ。

No.1		No.2		No.3		No.4	

ダイキとキャシーの春休みの予定についての対話を聞いて，そのあとの質問に対する答えとして最もふさわしいものを，**ア**，**イ**，**ウ**，**エ**から 1 つ選び，記号を書きなさい。

No.1

ア　He lived in Tokyo.

イ　He lived in Sydney.

ウ　He lived in Osaka.

エ　He lived in America.

No.2

ア　Cathy will.

イ　Sam will.

ウ　Sam's parents will.

エ　Kate will.

No.3

ア　Yes, she does.

イ　No, she doesn't.

ウ　Yes, she has.

エ　No, she hasn't.

No.4

ア　She likes to send e-mails.

イ　She likes to go shopping.

ウ　She likes to go to the zoo.

エ　She likes to take pictures.

No.1		No.2		No.3		No.4	

- 音声を聞く前に，問題文をよく読み，話をする人の名前や立場を把握しよう。
- 音声を聞く前に，選択肢（と質問）から聞き取る内容をしぼろう。
- 音声を聞きながら，キーワードをメモしよう。

基本問題　難易度 ★★★☆☆　◎13　正答数 [　1回目　] [　2回目　] ／3　解答 ➡ P29

　　ALTのグリーン先生が夏休みの宿題について話をします。それを聞いて，次の質問に対する答えとして最もふさわしいものを，ア，イ，ウ，エから1つ選び，記号を書きなさい。

No.1　生徒たちには，どのような宿題が出されましたか。
　ア　A report about one of the problems written in the textbook.
　イ　A report about what the students did during summer vacation.
　ウ　A report about how to use the city library.
　エ　A report about people around the world.

No.2　教科書には，何をしなければならないと書いてありましたか。
　ア　To read books in the city library for the report.
　イ　To finish writing a report about the problems in our environment.
　ウ　To learn about how the Internet can help the students.
　エ　To keep thinking about protecting our environment.

No.3　生徒たちは，いつ先生に宿題を提出しなければなりませんか。
　ア　After the next class.
　イ　At the end of summer vacation.
　ウ　At the first class after summer vacation.
　エ　At the last class of this year.

📝メモ

- [　] 前の [　]。明日から [　] 日間の休みに入る。
- [　] 問題についてのレポートを書く。英単語を [　] 語以上使う。
- [　] についての [　] を読み終えた。
- [　] の中で [　] がある問題を選ぶ。
- [　] には [　] の誰もが環境を [　] について考え続けなければならないと書いてある。
- 詳しく知りたい人は [　] や [　] の本を利用する。
- [　] でレポートを提出する。

No.1		No.2		No.3	

教子が祖母の誕生日パーティーについて話をします。それを聞いて，そのあとの質問に対する答えとして最もふさわしいものを，ア，イ，ウ，エから1つ選び，記号を書きなさい。

No.1
ア　Kyoko's grandmother did.
イ　Kyoko's mother did.
ウ　Kyoko's father did.
エ　Kyoko did.

No.2
ア　Because Kyoko makes a birthday cake every year.
イ　Because Kyoko couldn't buy a cake at the cake shop.
ウ　Because Kyoko's grandmother asked her to make a cake.
エ　Because Kyoko's grandmother made a bag for her.

No.3
ア　Nine hours.
イ　Six hours.
ウ　Four hours.
エ　One hour.

No.4
ア　She enjoyed a special lunch with her grandmother.
イ　She sang a birthday song for her grandmother with her parents.
ウ　She said to her grandmother, "Thank you."
エ　She showed the bag to her grandmother.

No.1		No.2		No.3		No.4	

- 音声を聞く前に，登場人物と作文の条件を確認しよう。
- 本文→質問の順で放送されることが多い。質問は確実に聞き取ろう。
- 自信のない表現は避け，自分が正しく書ける表現を使って英文を作ろう。

基本問題　難易度 ★★★★★ **15**　　正答数 [　] [　] ／2　解答 ➡ P33

No.1　ジョンと教子の対話を聞いて，教子の最後の問いかけに対する答えを，ジョンに代わって英文で書きなさい。

転校していくクラスメートにしてあげられることを書こう。
We can ～「(僕らは)～できる」の書き出しではじめよう。

No.2　ALTのデイビッド先生の話を聞いて，先生の指示に対するあなたの答えを2文以上の英文で書きなさい。

2文以上で書くよ。質問で2つのことを聞かれるから，それぞれ1文ずつ書こう。
1文目は主語+can ～「～できる」の形で書くといいね。
2文目の理由は
It's because ～ .
「それは～だからだ」を使おう。

No.1	
No.2	

カナダの高校に留学にきた日本の生徒たちに向けてルーシーが学校の案内をします。その説明を聞いて，次の各問いに答えなさい。
　No.1では，そのあとの質問に対する答えとして最もふさわしいものを，**ア，イ，ウ，エ**から１つ選び，記号を書きなさい。
　No.2 では，質問に対する答えをルーシーが説明した内容に合うように英文で書きなさい。
　No.3 では，質問に対するあなたの答えを英文で書きなさい。

No.1
　ア　In the gym.
　イ　In the library.
　ウ　In the lunch room.
　エ　In front of their school.

No.2 　（質問に対する答えを英文で書く）

No.3 　（質問に対する答えを英文で書く）

No.1	
No.2	
No.3	

CDトラックナンバー 一覧

音声の聴き方

CDで音声を聴くことができます。CD以外でも，教英出版ウェブサイトでID番号を入力して音声を聴くことができます。ID番号を入力して音声を聴く方法は，都道府県版（別冊）の1ページをご覧ください。